LIVE LIFE ACTIVELY

THE ZEN LIFE 365

一日一字で活溌に生きる

禅的生活365日

文
GENYU
宗久
書
UGANUMA
菅沼雄風

誠文堂新光社

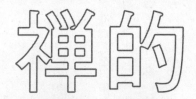

はじめに

百年生きても三万六千五百日。今後の日数とすれば無論そんなには残っていない。その日々をこれからどう生きるのか、それは誰にとっても重大なテーマではないだろうか。

若いときは受験や昇進などを目指し、「脇目も振らず」生きてきたかもしれない。中間目標を決め、そこを目指して達成し、誉められもしただろう。しかし達成すればすぐに目標は上方修正され、喜びに浸る時間もない。「脇目も振らず」進むうちにいったいどれほど大切なものを見逃してきたことだろう。

芭蕉は「よくみれば薺《なずな》花さく垣ねかな」と詠んだ。この「よくみれば」が大切で、これは言わば「脇目」や「余所見」、いや道草から始まるとも言える。道草する余裕がなければ「よくみ」ることもないし、神秘も現れないのだ。

もとより我々の生は、たまたま始まった。その人生に「使命」や「目的」を仮設するのはご自由だが、ここで一度肩の力を抜いては如何だろうか。偶然とも言える日常の中の出逢いに、もう少し目を凝らしてみるのである。

『華厳経』には、我々を包む無数の縁が因陀羅網《いんだらもう》というモデルで示される。無限の時間と空間の繋がりを、巨大な網の目と繋ぎ目ごとに耀く玉に喩えたのである。一つの玉が動けば全ての玉に映る映像は一瞬でみな変わる。全ては重重無尽《じゅうじゅうむじん》に繋がりながら互いに影響しあうのだ。しかし目標を決め、向かう場所が決まった途端、大部分の網の目は無駄になってしまう。効率とスピードを競う世の中なら尚更だろう。

それならどう生きればいいのか、ということになるが、目標も目的ももたず、使命感もなく「ただ」生きられるほど、人間は強くない。雪が結晶するのに小さな塵や埃を必要とするように、我々にも何らかのまとまりを感じるための「縁《よすが》」が必要だろう。

今回この本で提案したいのは、大上段な目標ではなく、一日に独立したまとまりを与えるほんの小さな縁である。白隠さんの師匠の正受老人《しょうじゅろうじん》は「一日暮らし」を勧めてこう仰る。

「如何程の苦しみにても、一日と思へば堪へ易し。楽しみも亦、一日と思へばふけることもあるまじ」（中略）「何卒一生と思ふからたいそうである。一生とは永いと思へど、後のことやら翌日の事やら、一年二年乃至百年千年の事やら知る人あるまじ。死を限りと思へば、一生にはだまされやすし」

一生の決意などと言うから大層で瞞されやすい。死ねばお仕舞いだし、いつ死ぬかわからないのだから、とにかくこの一日に限って一心に生きよというのである。因陀羅網に喩えるまでもなく、過去は今日に流れ込んでいるし、未来も間違いなく今日に繋がっている。未来を変えるには今日を変えるしか方法はないのである。

さまざまな意味で、我々にとって最も大きな縁は「自然」だろうと思う。このところ「人新世」などと呼ばれ、地球環境が急激に変化しているが、それでも人は自然から生まれ、自然に還る存在には違いない。

その意味では二十四節気や七十二候は今でも大きな指針を与えてくれる。あるいはそれにつれて変化する周囲の虫や植物、動物なども時には振り向きたい。むろん人類の累々たる歴史も、今日を生きる参考に省みておきたい。

そうしたさまざまな縁によって、揺らいだり立ち止まったり、時には後戻りだってしながら、要は健康のためのウォーキングではなく、ぶらりと散歩するように残りの人生を歩いてゆきたい。目的のない穏やかな散歩が心躍るものになり、前例やルールに拘らない「活溌」な歩みになればいい。

「活溌」とは、禅が大切にする「一圓相」の如く、惰性を寄せつけない柔軟で創造的な心のあり方だ。

この本がそのための「縁」になれば嬉しい。

『禅的生活365日』と銘打ったのは、むろん旧作『禅的生活』(ちくま新書)に依ってのことだが、それればかりではない。

芭蕉が「よくみ」ることができるのは、心に引っかかりや思い込みのない無心の状態、つまり禅的な状態だと確信するからである。今回の本ではずいぶん芭蕉翁のお世話になったが、泉下の霊に心から礼拝したい。

また今回は、書道家の菅沼雄風《ゆうふう》先生が雄々しい風を運んでくださった。これも大きなご縁で、本書に一段の風光を添えて頂いた。ご紹介くださった編集部にも伏して感謝申し上げたい。

その日にその文字を選んだのは、掛け替えがない場合もあるが、そうでないことも多い。まずは今日の日付のページをお読みいただき、あとはご自由に捲って出逢いをお楽しみいただきたい。

偶然の出逢いは、何度か開いた頁にきっと見出されることだろう。Happening と Happy の語幹は同じである。Happening を喜んで受け容れ、今日が Happy な一日になることを祈ってやまない。

令和六年三月吉日

福聚蝸舎にて　玄侑宗久合掌

禅的生活365日 一日一字で活溌に生きる もくじ

はじめに 2
「二十四節気」早見表 15
「七十二候」一覧 16

睦月 1月の一日一字 18

1日 一
2日 夢
3日 餠
4日 圓
5日 玄
6日 松
7日 鶴
8日 龜

9日 人
10日 孕
11日 鏡
12日 大
13日 挨
14日 那
15日 小
16日 予
17日 験
18日 坐
19日 凜
20日 寒
21日 梅
22日 賀
23日 壽

24日 椿
25日 凍
26日 安
27日 寧
28日 門
29日 的
30日 新
31日 古

如月 2月の一日一字 49

1日 闇
2日 本
3日 鬼
4日 春

5日 立
6日 隗
7日 養
8日 生
9日 雪
10日 猫
11日 國
12日 犬
13日 手
14日 禅
15日 涅
16日 火
17日 燃
18日 氷
19日 水

20日 我
21日 他
22日 萌
23日 萎
24日 逆
25日 怨
26日 虚
27日 意
28日 如
29日 今日無事

弥生 3月の一日一字 78

1日 吾
2日 眞
3日 桃
4日 弥
5日 啓
6日 陽
7日 晶
8日 緑
9日 龍
10日 曙
11日 震
12日 蝶
13日 眠
14日 誓
15日 負
16日 勝
17日 入

18日 鳴
19日 向
20日 魔
21日 彼
22日 氣
23日 変
24日 明
25日 別
26日 櫻
27日 破
28日 恩
29日 和
30日 情
31日 雷

卯月 4月の一日一字 109

1日 始
2日 雨
3日 嵐
4日 花
5日 殘
6日 乾
7日 燕
8日 佛
9日 鶯
10日 守
11日 潮
12日 疲

13日 草
14日 耕
15日 蒔
16日 虹
17日 苗
18日 蕨
19日 苦
20日 雀
21日 鼠
22日 衡
23日 咲
24日 葦
25日 色
26日 薺
27日 霞

28日 蛙
29日 昭
30日 丹

皐月 5月の一日一字 139

1日 茶
2日 働
3日 憲
4日 休
5日 鯉
6日 凡
7日 藤
8日 等
9日 園

10日 歌
11日 筍
12日 土
13日 風
14日 歩
15日 流
16日 看
17日 竹
18日 山
19日 青
20日 桑
21日 乱
22日 鳥
23日 悠
24日 雲

25日 枕
26日 紅
27日 好
28日 骨
29日 愛
30日 谺
31日 麦

水無月 6月の一日一字 170

1日 測
2日 衣
3日 泉
4日 蟲
5日 芒

6日 稽
7日 祈
8日 紫
9日 卵
10日 湿
11日 傘
12日 蛍
13日 親
14日 寂
15日 鮎
16日 祥
17日 実
18日 父
19日 暦
20日 文

21日 至
22日 悼
23日 慰
24日 寶
25日 家
26日 薫
27日 倹
28日 柳
29日 紛
30日 茅

文月 7月の一日一字

200

1日 半
2日 溢
3日 岫
4日 離
5日 獨
6日 暑
7日 機
8日 顔
9日 涼
10日 白
11日 便
12日 蓮
13日 盆
14日 革
15日 海
16日 博
17日 鷹

18日 露
19日 夕
20日 扇
21日 玉
22日 天
23日 香
24日 地
25日 源
26日 蚊
27日 瓜
28日 桐
29日 吉
30日 核
31日 溽

葉月 8月の一日一字

231

1日 蝉
2日 豆
3日 時
4日 箸
5日 印
6日 爆
7日 秋
8日 鈴
9日 再
10日 道
11日 心
12日 象

13日 迎
14日 棚
15日 釜
16日 送
17日 炎
18日 蜩
19日 俳
20日 麻
21日 霧
22日 夜
23日 遊
24日 酒
25日 萩
26日 奇
27日 奴

28日 昏
29日 金
30日 矢
31日 野

長月 9月の一日一字

262

1日 剃
2日 終
3日 稔
4日 殼
5日 慈
6日 黒
7日 陰
8日 庭

9日 節
10日 殺
11日 復
12日 走
13日 法
14日 鳥
15日 鯖
16日 老
17日 月
18日 嘘
19日 去
20日 空
21日 軽
22日 華
23日 万

24日 辛
25日 聲
26日 颱
27日 塚
28日 蚕
29日 複
30日 為

神無月
10月の一日一字

292

1日 眼
2日 蟄
3日 桂
4日 果
5日 達

6日 鵜
7日 涸
8日 雁
9日 釣
10日 刈
11日 烏
12日 翁
13日 菊
14日 鳴
15日 栗
16日 食
17日 柿
18日 痩
19日 茸
20日 夷

21日 湯
22日 遷
23日 霜
24日 淋
25日 民
26日 原
27日 讀
28日 神
29日 霎
30日 脱
31日 捨

霜月
11月の一日一字

323

1日 衛

2日 楓
3日 乗
4日 落
5日 息
6日 調
7日 祭
8日 冬
9日 焚
10日 十
11日 薪
12日 橋
13日 漆
14日 柱
15日 装
16日 葉

17日 凩
18日 代
19日 厠
20日 體
21日 寐
22日 性
23日 蔵
24日 種
25日 根
26日 呂
27日 拂
28日 帰
29日 籠
30日 林

師走

12月の一日一字 353

1日 葱
2日 橘
3日 改
4日 柑
5日 忘
6日 施
7日 飾
8日 覚
9日 事
10日 切
11日 埋
12日 誕
13日 掃
14日 仇
15日 希
16日 鮭
17日 河
18日 帽
19日 千
20日 鴨
21日 極
22日 仙
23日 巨
24日 聖
25日 遅
26日 師
27日 鹿
28日 仲
29日 服
30日 晦
31日 除

出版プロデュース：中野健彦
編集協力：未来工房（佐藤弘子）
ブックデザイン・DTP：大塚さやか
校　正：生井純子

「二十四節気《にじゅうしせっき》」と「七十二候《しちじゅうにこう》」

二十四節気早見表

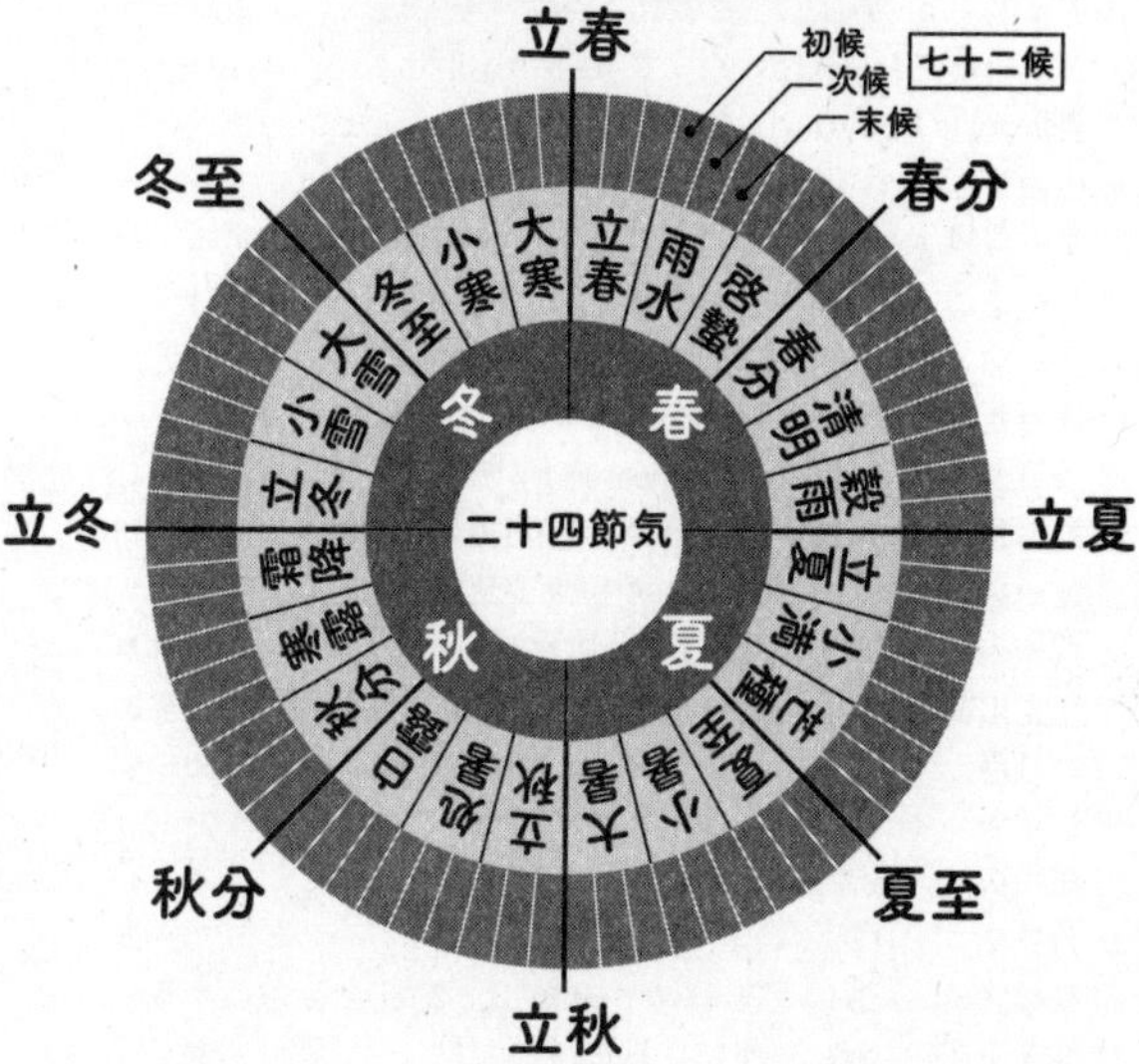

二十四節気とは、1年を春夏秋冬の4つの季節に分け、さらにそれぞれを6区分したもの。立春から始まり、春分、夏至、秋分、冬至と季節が移り、大寒で1年が締めくくられる。七十二候は、さらにその二十四節気の各一気(約15日)を約5日ごとに初候、次候、末候と3等分し、1年を72に分けたものを言う(P16～17を参照)。1年が365日なのに対し、地球の公転周期（約365.25日）などによって誤差が生じるため、二十四節気の時期は年によって1～4日のずれが生じる。それを修正するために4年に一度の「閏年」を設けている。また、二十四節「気」と七十二「候」を合わせたものが気候の語源になっている。

No.	名称	読み	意味	日取り(頃)
01	東風解凍	はるかぜこおりをとく	春の風が氷を解かし始める	2/4～8
02	黄鶯睍睆	うぐいすなく	鶯が鳴き始める	2/9～13
03	魚上氷	うおこおりをいずる	割れた氷から魚が飛び出す	2/14～18
04	土脉潤起	つちのしょううるおいおこる	雨で土が湿り気を帯びる	2/19～23
05	霞始靆	かすみはじめてたなびく	霞がたなびき始める	2/24～28
06	草木萌動	そうもくめばえいずる	草木が芽吹き始める	3/1～5
07	蟄虫啓戸	すごもりむしとをひらく	冬籠りの虫が地上に出てく	3/6～10
08	桃始笑	ももはじめてさく	桃の花が咲き始める	3/11～15
09	菜虫化蝶	なむしちょうとなる	モンシロチョウの幼虫が羽化する	3/16～20
10	雀始巣	すずめはじめてすくう	雀が巣作りを始める	3/21～25
11	桜始開	さくらはじめてひらく	桜が開花し始める	3/26～30
12	雷乃発声	かみなりすなわちこえをはっす	春雷が鳴り始める	3/31～4/4
13	玄鳥至	つばめきたる	燕が南から飛来する	4/5～9
14	鴻雁北	こうがんかえる	雁が北へ渡去する	4/10～14
15	虹始見	にじはじめてあらわる	鮮明に虹が見え始める	4/15～4/19
16	葭始生	あしはじめてしょうず	葦が芽吹き始める	4/20～24
17	霜止出苗	しもやんでなえいずる	霜が収まり、苗が育ち始める	4/25～29
18	牡丹華	ぼたんはなさく	牡丹の花が咲き始める	4/30～5/4
19	蛙始鳴	かわずはじめてなく	蛙が鳴き始める	5/5～9
20	蚯蚓出	みみずいずる	ミミズが地上に這い出る	5/10～14
21	竹笋生	たけのこしょうず	筍が生え始める	5/15～20
22	蚕起食桑	かいこおきてくわをはむ	蚕が桑の葉を旺盛に食べ始める	5/21～25
23	紅花栄	べにばなさかう	紅花が咲き誇る	5/26～30
24	麦秋至	むぎのときいたる	麦が熟して畑が黄金になる	5/31～6/5
25	蟷螂生	かまきりしょうず	カマキリが生まれる	6/6～10
26	腐草為螢	くされたるくさほたるとなる	腐った草から蛍が現れる	6/11～15
27	梅子黄	うめのみきばむ	梅の実が黄熟する	6/16～6/20
28	乃東枯	なつかれくさかるる	ウツボグサが枯れ出す	6/21～26
29	菖蒲華	あやめはなさく	アヤメが咲き始める	6/27～7/1
30	半夏生	はんげしょうず	カラスビシャクが生え始める	7/2～6
31	温風至	あつかぜいたる	熱風が吹き始める	7/7～11
32	蓮始開	はすはじめてひらく	蓮の花が咲き始める	7/12～16
33	鷹乃学習	たかすなわちわざをならう	今年生まれた鷹が飛ぶ練習を始める	7/17～22
34	桐始結花	きりはじめてはなをむすぶ	桐の花が実を結ぶ	7/23～7/28
35	土潤溽暑	つちうるおうてむしあつし	大地が湿り蒸し暑くなる	7/29～8/2
36	大雨時行	たいうときどきにふる	大雨が時々降る	8/3～7

春の巻

夏の巻

	No.	名称	読み	意味	日取り(頃)
秋の巻	37	涼風至	すずかぜいたる	涼しい風が吹き始める	8/8～12
	38	寒蟬鳴	ひぐらしなく	蜩が鳴き始める	8/13～17
	39	蒙霧升降	ふかききりまとう	濃い霧が立ち込め始める	8/18～22
	40	綿柎開	わたのはなしべひらく	綿の萼が開き始める	8/23～27
	41	天地始粛	てんちはじめてさむし	暑さがようやく収まる	8/28～9/1
	42	禾乃登	こくものすなわちみのる	穀物が稔る	9/2～7
	43	草露白	くさのつゆしろし	草の露が白く見える	9/8～12
	44	鶺鴒鳴	せきれいなく	セキレイが鳴き始める	9/13～17
	45	玄鳥去	つばめさる	燕が南に去っていく	9/18～22
	46	雷乃収声	かみなりすなわちこえをおさむ	雷鳴が轟かなくなる	9/23～27
	47	蟄虫坏戸	むしかくれてとをふさぐ	虫が土中に潜り越冬に入る	9/28～10/2
	48	水始涸	みずはじめてかるる	田圃から水が抜かれる	10/3～7
	49	鴻雁来	こうがんきたる	雁が渡来し始める	10/8～12
	50	菊花開	きくのはなひらく	菊の花が咲き始める	10/13～17
	51	蟋蟀在戸	きりぎりすとにあり	キリギリスが家の中で鳴き始める	10/18～22
	52	霜始降	しもはじめてふる	霜が降り始める	10/23～27
	53	霎時施	こさめときどきふる	小雨がしとしと降るようになる	10/28～11/1
	54	楓蔦黄	もみじつたきばむ	もみじや蔦の紅葉が始まる	11/2～6
冬の巻	55	山茶始開	つばきはじめてひらく	山茶花の花が咲き始める	11/7～11
	56	地始凍	ちはじめてこおる	大地が凍り始める	11/12～16
	57	金盞香	きんせんかさく	水仙の花が咲き始める	11/17～21
	58	虹蔵不見	にじかくれてみえず	虹が現れなくなる	11/22～26
	59	朔風払葉	きたかぜこのはをはらう	北風が落ち葉を払いのける	11/27～12/1
	60	橘始黄	たちばなはじめてきばむ	橘の実が黄色く色づき始める	12/2～6
	61	閉塞成冬	そらさむくふゆとなる	大気が冷えて真冬になる	12/7～11
	62	熊蟄穴	くまあなにこもる	熊が冬眠のために穴に潜る	12/12～16
	63	鱖魚群＊	けつぎょむらがる	鱖魚が群がり川を遡上する	12/17～21
	64	乃東生	なつかれくさしょうず	ウツボグサが芽を出す	12/22～26
	65	麋角解	さわしかのつのおつる	鹿が角を落とし始める	12/27～12/31
	66	雪下出麦	ゆきくだりてむぎのびる	麦が雪の下で芽吹いている	1/1～1/4
	67	芹乃栄	せりすなわちさかう	芹が勢いよく育つ	1/5～9
	68	水泉動	しみずあたたかをふくむ	凍結した泉が動き始める	1/10～14
	69	雉始雊	きじはじめてなく	オスの雉が鳴き始める	1/15～19
	70	款冬華	ふきのはなさく	蕗の薹の蕾が出始める	1/20～24
	71	水沢腹堅	さわみずこおりつめる	沢の氷が厚く張る	1/25～29
	72	雞始乳	にわとりはじめてとやにつく	ニワトリが卵を産み始める	1/30～2/3

＊近年は鱖魚を鮭で代用し「さけのうおむらがる」とも解されている。

一から習い、もとの「一」にかえる

1月1日

一

イツ・イチ＊

ひとつ・ひと＊

今日は一年の「はじめ」。「一」には「はじめ」と「すべて、みな」の意味がある。一年の計は元旦にあり、とばかり大きな目標を立てたりするのだが、すぐに忘れる。ささやかでも何か実践的な目標をもつのがいい。

千利休の歌に「稽古とは一より習ひ十を知り十よりかへる元のその一」とあるが、最初の「一」は「はじめ」の意味。あとの「一」は「すべて」身についたから同じ「一」。身につけて忘れるのが美しい。

＊本書では、音読みをカタカナで、訓読みをひらがなで表記。

苦しみもいつか終わって夢となる

夢

ム
ゆめ

1月2日

夢分析をする専門家が、中国では古代周*の時代からいた。現在は、夢は自分の深層心理の現れと見るが、昔は浮遊《ふゆう》する霊の作用とされ、外から入り込むと考えた。それを操作する巫女《みこ》の所属する役所まであったのである。「夢」は、夢と希望のように、将来目指すべき展望の意味でも使われる。しかし仏教的には「夢幻《むげん》」のように、はかなさの象徴である。苦しみもいつか必ず終わり、夢のように思い返される。さぁ、希望をもとう。

＊中国の殷に続く王朝（紀元前1046年頃－紀元前256年）で、秦の始皇帝によって滅亡。

1月3日

喪中でも、食べたいご馳走

餅

餅

ヘイ
もち

お正月といえば餅と門松は欠かせない。門松を飾って歳徳神《としとくじん》＊の降臨を待ち、収穫への感謝を餅で示す。江戸時代には神を「待つ（松）」構えに梅や竹も加わり、松竹梅のトリオも出来上がるが、お供えはやっぱり餅。

ご馳走とは、本来それが口に入るまでに注がれたエネルギーの総量を頌《たた》える言葉。餅は「ぺったんぺったん」の膨大な力を吸い取って餅肌で静まりかえる。喪中でも食べたくなる、とびきりのご馳走だ。

＊陰陽道でその年の福徳を司る神のこと。この神のいる方角を「恵方」と言う。

妄想の雲を払えばいつも青空

人の心は本来青空のように清浄で、妄想の雲がそれを覆っているに過ぎない。

禅宗の初祖菩提達磨から三人目の三祖僧璨《そうさん》禅師は、妄想の雲の霽《は》れた本来の心を次のような言葉で示した。「円《まど》かなること太虚《たいきょ》に同じ。欠くることなく、余すことなし」。

そしてそれを、実際に「一圓相」*で描いたのが六祖慧能《えのう》禅師の弟子、南陽慧忠《なんようえちゅう》禅師である。来歴はともかく、この躍動から我々は生まれ、そこへ還っていく。

圓(円) エン まるい

1月4日

*禅宗で悟りの象徴として描く丸い形のこと。

冬は方向づけの季節

1月5日

玄
ゲン
くろ・くろい

冬枯れの木々を眺めていると、色もなく寂しい気がするが、本当はそこにすべてがある。「青春《せいしゅん》朱《しゅ》夏《か》白秋《はくしゅう》玄冬《げんとう》」と言い、冬の色は「玄」なのだ。玄はすべての色が合わさった色で、やや赤味を帯びた黒。女性器の異称でもある。「玄の又《また》玄、衆妙《しゅうみょう》の門」（『老子』第一章）と言うが、あらゆる命はそこを門として出ていく。そういえば、和語の「ふゆ」は「殖ゆ」（増える）に由来する。冬は無限に殖え続けるものに方向づけをする季節である。

相変わらずでいるための努力

松　ショウ　まつ

松が愛でたいのは樹齢が永く、しかも「常《とき》葉《わ》の松」というように常緑だからだ。やがて神の降臨を「待つ」木になると、「君（公）と僕（木）との」差し向かいだとか、「枯れて落ちても二人連れ」などと、文字や落ち葉まで褒めちぎられる。

しかし、忘れていけないのは、変わらないためには変わり続けているということ。人生は自転車操業で、安らかな白鳥の姿も水面下の絶え間ない動きで保たれている。

1月6日

1月7日

松《しょう》花《か》鶴《つる》に伴って飛ぶ

鶴　カク　つる

「鶴」が愛でたいとされるのは、前項の「松」との組合せ、あるいは「亀」との組合せによってである。「松に鶴」は昔の結婚式屏風の定番で、飛来した鶴の足に松の花が着き、鶴の飛翔によってこれまで縁のなかった場所に松の花が落ち、子孫ができる。こうしたご縁の不思議さを愛でたのである。

一方の「鶴と亀」は共に長寿と思われているがそうではない。詳しくは次項の「亀」に譲る。

鶴と亀は和合のシンボル

龜（亀）　キ　かめ

1月8日

鶴は千年、亀は万年という。もしも両者が夫婦だとすれば、九千年は「やもめ」である。つまり「鶴と亀」は、けっして共に長寿の象徴などではない。両者はむしろ両極端なほど、生活も食べ物も考え方も違う。しかし、どうやら仲良しなのである。

そう、鶴と亀はこれほど違っていても仲良くできると、和合を勧めている。鶴が女性、亀が男性とお思いだろうが逆である。女性が陰で亀、男性が陽で鶴なのだ。お許しあれ。

坐禅の功徳《くどく》

1月9日

人　ジン・ニン　ひと

立っているヒトを、横から見た姿が「人」になった。やはりヒトは、直立して歩きだしたことが第一の特徴なのだろう。

直立したことで両手が使えるようになり、大脳皮質がやたらと発達したわけだが、そのことがもたらしたものは恩恵よりも災厄のほうが多い気がする。仏教はそれを煩悩と呼ぶのである。

人ではなくヒトに戻り、大脳皮質を休ませるのが坐禅の功徳である。

1月10日

見えないけれどもあるんだよ

孕

ヨウ

はらむ・みごもる

「人」が「子」を包み込むこの文字は、身籠《みごも》った状態で、「はらむ」「ヨウ」と読む。じつは「身」という文字も妊婦を横から見た形である。子を孕めば姿に顕れるが、思いや感情の場合は外に見えにくい。

しかし金子みすゞ*が謳った「昼間の星」のように「見えないけれどもあるんだよ」なので、この時期の出逢いは特に大切にしたい。今は意味がわからなくとも、孕んだ種はやがて芽を出し大樹に育つ。

＊1903－1930年。童謡詩人。山口県生まれ。大正後期に彗星のように現れ、26歳で短い生涯を閉じる。

1月11日

鏡は心の手本

鏡　キョウ　かがみ

今日は「鏡餅」あるいは「御鏡」などと呼ぶお供え餅を「開き」、汁粉や雑煮、かき餅（あられ）などにしてみんなで頂く。降りてきた先祖たちを腹に収める日である。けっして餅を割るなどと言ってはいけない。

なぜ鏡と呼ぶのか諸説あるが、昔の鏡が丸かったというだけでは物足りない。荘子《そうし》*曰く「将《おく》らず迎えず応じて蔵《おさ》めず」で、アレをもっと映したいなどと思わず、すべてを映しながら記憶はしない。鏡は心の手本なのだ。

*紀元前369年頃ー紀元前286年頃の中国の思想家。『荘子《そうし》』の著者であり、道教の始祖の一人と言われる。

大はあるゆる定義に収まらない

大

ダイ・タイ

おお・おおきい・おおいに

1月12日

大道《だいどう》、大慈悲《だいじひ》、大智《たいち》など、仏教語にはやたら「大」がつく。前項の、すべてを映しだす鏡の如き智慧《ちえ》も「大円鏡智《だいえんきょうち》」である。

「大」とは何か。『老子』六十七章にはこうある。「(我が道は)夫《そ》れ唯《た》だ大、故に不肖に似たり」。つまり(我が道は)大なればこそ道らしく見えないというのである。慈悲も智慧もそれらしく見えないほど深まると「大」が付く。茶人の茶人らしきも、学者の学者臭きもまだまだ小さい。

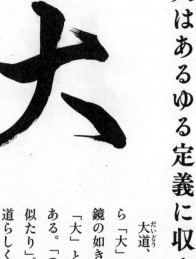

「おでかけですか？」

1月13日

新年には挨拶がつきものだが、そろそろ「明けまして」という挨拶にも飽きてくる頃だろうか。しかしお正月が終わっても挨拶はなくならない。

　もともと「挨」は押すこと、「拶」は押し返すこと。『碧巌録《へきがんろく》』*には「一挨一拶《いちあいいっさつ》深浅《しんせん》を見んことを要す」とあるが、要は相手の心境の深浅を探りあう問答のことだ。私は『おそまつくん』のレレレのおじさんの「おでかけですか？」というゆる〜い挨拶が好きだ。

挨

アイ
[外]おす・ひらく

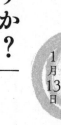

＊中国の仏教書であり、禅宗の語録（全10巻）。臨済宗で最も重要な書とされる。

日頃から耐震の備えを

那

「震」は本来は「かみなり」の意味だったが、やがて「ふるえる」「おどろく」などの意味に転じた。一月には阪神淡路大震災や能登半島地震が起こったが、やはり日本は地震国であることをもっと自覚すべきだろう。

古代、地震のことは「那《な》為《ゐ》」と言った。那（あの方）が為さること、といった意味合い。それに合わせることが「為《し》合《あわ》せ」である。五重塔には地震でも倒れない建築技術が込められた。さて、耐震の備えは如何だろうか。

那

ナ

[外]* なんぞ・いかんぞ・なに

1月14日

＊[外]は、表外読みのことで、常用漢字表にはない読み方。

1月15日

「大」は「小」を兼ねない

今日は小《こ》正月。本来は旧暦で、その年最初の満月の日だったが、今では新暦で行なう地域が多い。フォーマルで疲れる大《おお》正月（松の内）が今日で終わり、小豆粥《あずきがゆ》を食べて家族で労《ねぎら》う。特に、年末年始忙しかった主婦を労い、男が台所に立つ地域もあって女正月とも呼ばれる。

ここでの「大」「小」は「建前と本音」のように、対等なセットと考えたほうがいい。「小」を疎かにすると「大」も叶わない。

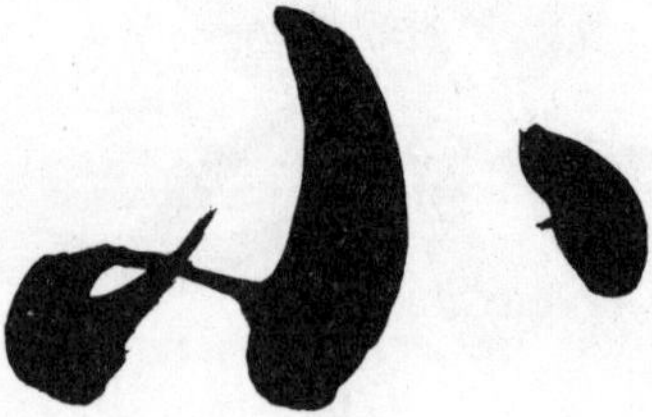

小

ショウ
ちいさい・こ・お

「予祝《よしゅく》」こそ最高の祈り

　養蚕の盛んだった地域では、小正月に木の枝に繭玉を吊した。あるいは繭玉型の餅やミニチュアの農具なども飾った。これを「予祝」と言う。「予（豫）」とはもともと将来を占う意味だが、良い結果（豊作）と決めつけ、予《あらかじ》め祝ってしまうのである。

　これはスポーツのイメージ法にも似て、一気に気力を充実させる。客観的と思える「予測」や「予報」は「祈り」を奪うが、「予祝」はそのまま有効な「祈り」なのである。

予

ヨ

［外］あらかじめ・かねて・われ

1月16日

霊験はいつか顕《あらわ》れる

1月17日

験

ケン・ゲン
しるし・あかし・ためす

そろそろ入学試験のシーズンである。こればかりは「予祝」というわけにもいかず、お守りを携えたり、いろいろ「験《げん》を担ぐ」。「すべる」「おちる」などの言葉を避けたり、カツ丼を食べたりといったアレである。

もともと「験」とは神意の「しるし、きざし、ききめ」などのこと。馬は霊気を感じやすいとされ、馬偏になった。受験合格を神意と感謝するのは麗しいことだが、大切なのはそこへ向かう努力。絵馬は愛嬌である。

「坐」の文化の国

坐

ザ

すわる・いながら・そぞろに

1月18日

中央の「土」は土地の神。その前で二人の人が坐っている。もともとは裁判の図柄らしいが、その際には「すわる」ことから、その意味になった。

正坐でも坐禅でも、意識を下腹部に下ろし、呼吸を調えることですぐに副交感神経優位になるらしい。日本人の寛容さは、おそらくそのお陰ではないだろうか。日本人が日本人らしくあり続けるために、世界でも珍しい「坐」の文化を守りたいものだ。

厳寒あってこその美しさ

1月19日

凜
リン
さむい・すさまじい

寒《かん》気《き》凜《りん》烈《けつ》というように、「凜」じたいが「厳しい寒さ」を意味するが、同時にこの文字は、その寒さの中で身心が引き締まり、凜々《りり》しい状態のことでもある。

凜々しいとはどんな姿か。手許の辞書では「きりりと引き締まった勇ましい姿」とある。以前、母親の戒名にこの文字を願った女性がいた。九十七歳まで生きた母親に、私は望みどおり「凜仙」という諱《いみな》＊を送った。早くに夫に先立たれ、凜と生き抜いた方だった。

＊死後、亡くなった人を尊敬しておくる称号のこと。

1月20日

短時間の「寒」で抵抗力をつけよう

寒　カン　さむい

そろそろ大寒である。二十四節気の最後の節気で、寒さが最も厳しくなる時期だ。凍《し》み豆腐、凍み餅、寒天や酒、味噌の寒仕込みに適しているが、どうも人間も寒に晒すと締まるらしい。

そういえば私も剣道の寒稽古に参加した。他にも乾布摩擦、寒行、寒中水泳など、メニューは多いが、あくまでも短時間、抵抗力を高める程度にしてほしい。やりすぎると取り返しがつかなくなる。

庶民的なのに高貴って、最高！

1月21日

梅

梅　バイ　うめ

今日は「越乃寒梅」を飲む日、なんてことはないが、そろそろ寒梅が咲いてもおかしくない。梅は寒中に咲くからこそ愛でられる。「是《こ》れ雪か是れ梅花か」などと謳われ、雪と見分けのつかない白い花から芳香が漂う。「令和」の典拠ともなった中国由来の植物だが、梅干しなど今や日本の食生活に欠かせない。庶民的なのに高貴。そのアンバランスが堪らない魅力なのだ。やっぱり「越乃寒梅」を一献傾けよう。

1月22日

「賀」は命の讃歌

賀
ガ
よろこぶ

「貝」は子安貝を象《かたど》り、生産力を象徴する。「加」は鋤《すき》を祓《はら》い清めて虫の害を防ぐ儀礼。元来、「賀」は農耕儀礼だったが、やがて全ての生命や生産を祈り祝う意味になった。

1月16日の「予」でも述べたが、祈りと祝うことは常に重なってくる。良い結果だけを想定し、それを具体的に想い描くのが祈りなのだろう。「賀正」「賀春」なども、良い正月、良い春になる保証など何もないまま賀しているのである。

1月23日

「ことぶき」は訓読みの傑作

壽

壽（寿）　ジュ　ことぶき

この文字は本来「いのちながし」の意味で、「ひさし」などと訓《よ》み、長寿、あるいはそれを祈ることである。しかし日本人は「ことほぎ（言祝ぎ）」こそ長寿の条件と考え、「ことほぎ」から「ことぶき」に転訛《てんか》して訓読みに加えたのである。

言祝ぎとは、人に与えられた変えようのない条件、たとえば親や肌色、故郷など、どうせ変えられないものは言葉にして祝おうということ。なるほどこの訓読みは傑作である。

椿壽《ちんじゅ》は「珍」しい百十歳の祝い

椿
チン
つばき

1月24日

中国では栴檀《せんだん》科の落葉喬木《きょうぼく》「チャンチン*（香椿）」を意味するが、日本ではツバキ科の常緑喬木である。こうした食い違いは、文字だけが輸入され、それに相当する植物が当時の日本になかったことに由来する。だから木偏に春だというのに真冬が旬だと愛でたりする。ただ、先物を愛でるのは日本の美学だ。

太古にあったとされる霊木の「椿」にちなみ、「珍《めずら》」しい百十歳を「椿寿」と呼ぶ。「椿」は「珍」の音通《おんつう》ゆえだろう。

＊中国名「香椿《シャンチュン》」が転訛したもので、ツバキとは直的な関係はない。中国ではツバキを「山茶花」と表記する。

1月25日

無茶はやめておこう

モノが凍結すると「こおる」と訓み、ヒトが低温に晒されると「こごえる」と訓む。ネズミは低温が続くだけで凍えて胃潰瘍になるらしいが、ヒトにとっても「凍」は多大なストレスだ。

道場では夜九時以降、冬でも吹きさらしの廊下などで夜坐《やざ》を組んだ。若ければ「鍛錬」になるが、高齢になると「無茶」と言われる。能登半島地震で被災した高齢者の辛さは想いつつも、今や厚手の靴下が脱げないのだ。

凍
トウ
こおる・こごえる

ご先祖を祀《まつ》れば安らかになる

安
アン
やすい

1月26日

家の中に女性がいれば、それだけで安らかなのかというと、さにあらず。このウ冠は単なる家ではなく、先祖を祀る廟《びょう》なのだ。「女」は新婦で、新妻が婚家の先祖を祀ることで平穏な生活が実現すると考えたらしい。

最近はLGBTQ*などもあって複雑だが、どだい門松に降り、御鏡に降りてくるのもその家の祖霊神だから、やはり新婦には嫁ぎ先の先祖も大切にしてほしい。やすらぎが女性次第なのは昔も今も変わらない。

＊セクシュアルマイノリティ（性的少数者）を表す総称の1つ。

1月27日

やすらぎが一番大事

寧

寧　ネイ
[外]やすい・ねんごろ・むしろ・なんぞ

「安寧」は好きな言葉だが、「寧」はじつは生やさしい文字ではない。文字中の「心」は「やすらぎ」を願うために供えられた動物の心臓なのだ。生け贄を供える「供犠《くぎ》」はインドにもあり、それを禁じたのがブッダである。しかし伝来した中国の文字まで変えることはできなかったのである。

南伝仏教*の僧侶は心のやすらぎが一番大事、と言いつつ戒律にないパソコンやスマホは自由に使っている。ネット上に安寧はあるか？

*インドから東南アジアに伝わった仏教で、ブッタの教えに忠実で、戒律が厳しい。上座部仏教とも呼ばれる。

あなたはすでに入門している

門
モン
かど

1月28日

「門」は両開き、「戸」は片開きの扉だが、中国の門は頑丈で周囲は高い塀である。異民族の侵入を常に怖れていたからだろう。だからこそ内に「日」や「月」、「木」などが入る文字（間、閒、閑）の意味も際だつ。

禅では『無門関《むもんかん》』*という本が珍重されるが、あれは門がないわけではなく、その本を開いた時点ですでに入門し、門の内にいるとの認識。キリスト教の「狭き門」より鷹揚《おうよう》だが、その後の迷子にご用心のほど。

＊中国宋代の仏教書。悟りへの入門書として禅宗で重視される。

個人的には"春的"と思う

1月29日

的 テキ まと

文学、政治、教育、詩などの後ろに付き、方向や性質が、「〜ぽい」ことを示す。明治の翻訳ブームで、-ticなどの訳語に中国語の「の」に当たる「的」が使われたことに始まる。じつに自立性のない文字である。

しかし仏教や禅では「的的」と二つ重ね、明らかで正しい、また疑いのない真理の意味で用いる。「的々として明月輝き」(『淮南子』)「正法の的々」(『臨済録』)などと言う。今日は春的か冬的か、三寒四温の的々。

日に新たに

新

シン

あたらしい・あらたに・にい

1月30日

この字は「辛」と「木」と「斤」の組合せ。本来は位牌を作る「木」を選ぶとき、把手のついた針（辛）を投げ、その木を「斤（＝斧）」で切ることを意味した。位牌を作った残りは「薪」にした。

新年がめでたいのは松や餅をそのために新たに誂《あつら》えるからだろう。大量消費のこの国では今や位牌も柩《ひつぎ》も中国製。それは新しくとも「新」ではない。「日に新たに」*（『大学』）、毎日何かしらは自分で誂えたい。

＊『大学』の原文は「まことに日に新たに、日々に新たに、また日に新たなり」。意味は毎日向上してやまないこと。

1月31日

太古から続くものを大切に

禅において「古」とは、古びることではない。むしろ太古から変わらぬ奇特なもの。「古心」「古仏」は当然褒め言葉だし、山の静けさも太古と繋がっているからこそ尊い。「山静かなること太古に似たり」である。

思えば人類は、ホモサピエンスとして言葉を使いはじめて以降、構造的な進歩は特に認められない。ただ我々の作った道具が進歩を錯覚させているだけなのだ。末端の枝葉に翻弄されず、じっくり幹や根本を見つめよう。

古

コ

ふるい・ふるす

闇の中で目覚める無意識

闇　アン　やみ

「闇」や「暗」の字に「音」が入るのは、それが夜中の静寂のなかに神が訪れる（音連れる）幽《かす》かな音だけの世界だからである。

じつは朝顔も、蕾に光を当て続けていると咲かないらしい。桜もそうだが、光と温かさのまえに、冷温と闇がなければ開花のスイッチが入らないのだ。

もしも今、冷たい闇を感じて苦しいのなら、それは開花の準備と思ってほしい。闇の中でこそ豊穣《ほうじょう》な無意識が目覚める。

冬は根の充実に努めよう

2月2日

本
ホン
もと

「木」の幹の下のほうを指示するために横線を加えたのが「本」で、木の根本を意味する。一方、木の上部を指示したのが「末」になる。「本末《ほんまつ》」*は木の全体だから、むろん転倒したら生きていけない。

判断に迷ったときは、本の方の価値観に照らして考えてみればいい。もしかすると、何よりも我が身が大本だろうか。書物を「本」と呼ぶのは、最初一本二本と数えたせいらしい。確かに本は人生の根っこを作る。

*「もとすえ」とも訓む。物事の根本と枝葉から転じて、大切なこととそうでないことの意。

無邪気な鬼が最も怖い

鬼
キ
おに

2月3日

立春を前に、邪気を祓い清める行事が「節分」だが、平安時代の「追儺《ついな》」「鬼遣《おにや》らい」などが原型である。

鬼はもともと人間の死者。丑寅《うしとら》（北東）から出入りするとされ、日本人が牛の角を付け虎のパンツを穿かせてキャラ化した。鬼遣らいでは桃の枝を引き摺ったらしいが、邪気には桃の無邪気が有効との思惑。「鬼は外」で済むはずが鬼ヶ島まで遠征した桃太郎はどう考えてもやりすぎ。鬼は誰の中にも潜む。

2月4日

春はもともと芽《め》出《で》たい

春　シュン
　　はる

「シュン」と読むこの字を「はる」と訓んだのは日本人である。我々の先祖たちは、どうやら万物が「張る」「ふくらむ」季節と捉えたらしい。なるほど雪の下では蕗《ふき》の薹《とう》や梅の蕾がふくらんでいる。

なぜ「張る」のか、というと、冬の間に地下で何物かが「殖《ふ》える」（殖ゆ→冬）からだ。ぬくぬくと炬燵に入って餅など食べていると、いつのまにか体重ばかり増えるが、他に増やすべきものがあるだろう。それは何か？

逆風に立ち向かう

「立」は本来「大」と「一」が組み合わさった文字。「一」は大地と思っていいだろう。大地にすっくと立ち、何かを始めるのだ。立春ともなれば、草木の芽も立ってくる。

「創立」や「設立」など、組織や団体をつくる場合も「立」を使うが、なにも多勢に恃《たの》むことはない。

一人でも志を立て、周囲の賛同に拘《かか》わらず進む。そんな覚悟こそ、風に向かう「立」の本領ではないか。

立　リツ・リュウ
たつ・たてる

2月5日

何事も身近なことから始めよう

2月6日

隗
カイ
けわしい

滅多に見ない文字だが、岸田前総理*は自らの派閥宏池会を解散するとき、「隗《かい》より始めよだ」と言ったらしい。これは中国の『戦国策』に由来し、まず身近なところから、言いだした者から始める、という意味で使われる。「隗」は燕《えん》の昭王に進言した側近の名前「郭《かく》隗《かい》」から。本来は「けわしい」「たかい」の意味だが、この成語ではむしろ身近な者の喩《たと》え。身近であっても「けわしい」可能性はあるが、とにかく始めようというのである。

＊岸田文雄。第100代・101代の内閣総理大臣、第27代自由民主党総裁。

2月7日

虚《きょ》懐《かい》天《てん》真《しん》を養う

養
ヨウ
やしなう

「養」の中には「羊」がいる。本来は鞭などを使いつつ羊を飼うことを言ったようだ。しかし中国最古の字書『説文解字《せつもんかいじ》』*には「供養するなり」とある。先祖も、食物や香を供えて養い、共に暮らす感覚だろうか。

養生や養心という言葉もあるが、禅では「虚懐天真を養う」などと言う。無心の時間を肯定し、それを長く維持するのだが、どうすればいいのか？　猫は炬燵で丸くなり、たぶん天真を養っている。なんと羨ましい。

＊紀元100年頃に作られた最古の漢字字典で、略して「説文」と呼ぶ。

2月8日

生きることは多面的

生

セイ・ショウ
いきる・いかす・うまれる

元々は地面から草が生え出る様子を象った文字だが、これほど意味と訓みの多彩な文字もない。うまれる・そだつ・いきる・いのち・はやす・いける、そしてうまれたままのナマ・キとも訓み、「百生《ひゃくしょう》」や「衆生《しゅじょう》」の「生」は民や生き物全てのことだ。

以前どこかで、二十一種類の意味と訓みがあるのだと聞いた。雪の降る夜など、それを全部書きだすことに挑戦してみては如何だろう。多面的な「生」を感じるはずである。

冬雪冴えて涼しかりけり

雪

雪

セツ
ゆき

2月9日

暦の上では春だが、この季節に雪はつきものだ。ところで「雪」の雨冠の下の「ヨ」とは一体何だろう。「箒《ほうき》」にも似た部分があるが、べつに雪が降ったら箒で掃く、というわけではない。箒星とも呼ばれる「彗星《すいせい》」のように、天から妖しいものが降ってくると思ったらしい。つまり「ヨ」はやっぱり箒なのだ。道元禅師《どうげんぜんじ》*は「冬雪冴《さ》えて涼しかりけり」と謳ったが、背筋と首筋を立て、涼しいと思ってみるとそんな気がしてくるから不思議だ。

*鎌倉時代初期の禅僧で、曹洞宗の開祖。

2月10日

「伸び」一つで養生？

この文字の旁《つくり》の「苗」は音符。明らかに「ミャオ」という鳴き声の音写だろう。2月7日の項でも書いたが、この季節の猫は炬燵で丸くなったまま「天真を養う」ばかりか、動かないくせに一向に運動能力が衰えない。

密かに腕立て伏せをしたり、反復横跳びなどで鍛錬する猫は見たことがないから、きっと彼らは大袈裟なあの「伸び」だけで筋力も敏捷性も保っているのだ。今日は仕事を早めに片付け、「伸び」の研究でもしてみよう。

猫　ビョウ　ねこ

山河を守る国であってほしい

國（国）　コク　くに

2月11日

今日は建国記念日。紀元前六六〇年二月十一日に初代神武天皇が即位したとされ、それを祝う「紀元節」が昭和二十三年、「建国記念の日」になった。法律は「国を愛する心を養う」と言うが、愛国心はなかなか厄介だ。

英国の文学者サミュエル・ジョンソン＊は、愛国心を「悪党の最後の避難場所」と言った。なるほど愛国心は批判しにくく悪用しやすく、真贋《しんがん》が見分けにくい。杜甫《とほ》は「国破れて山河あり」と謳った。山河を守る国であれ。

＊18世紀の英国で「文壇の大御所」と呼ばれた文学者。『英語辞典』の編纂で有名。

犬は友達、一緒に遊ぼう

犬　ケン　いぬ

エジプトの王墓では多くの猫が犠牲《いけにえ》としてミイラにされた。しかし中国の古い王墓ではそこを守る武人と共に犬が埋められた。これを「伏《ふせ》」と言い、悪霊を祓う力があると信じたらしい。犠牲ではなく「犬牲《けんせい》」という言葉もあり、「献」の「犬」も尊い捧げ物である。

猫だけ出しては犬に申し訳ないと思い、犬にも出番を作ったのだが、凄い話になってしまった。ともあれ、犬は一万年以上も前から人類の友だ。はい、お手！

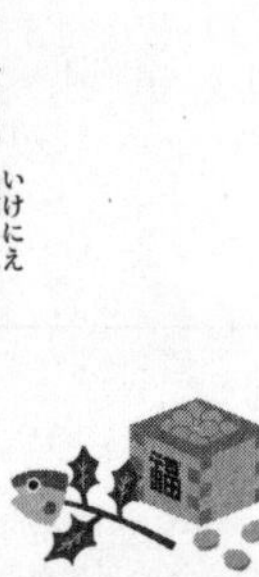

2月13日

手は心と体をつなぐ

手

シュ

て・た

一九四六年の今日、GHQ*は改正憲法草案（マッカーサー草案）を日本政府に「手交《しゅこう》」した。今ならメールで送るかもしれないが、やはり直接手渡す「手交」のほうが鄭重《ていちょう》だし確実である。

一方、我々禅僧は自分の手どうしで印を組み、気の巡りを促す。冬場は特に指の腹などをよく揉み、気が澱《よど》まないよう注意したい。自らを癒やし、いつでも誰にでも差し伸べるための準備である。

＊連合国最高司令官総司令部のことでGeneral Headquarters of the Supreme Commander for the Allied Powersの略称。

チョコと褌で元気一杯

2月14日

褌

コン

ふんどし・みつ・したばかま

バレンタインの話を期待した方には申し訳ないが、今日は「褌の日」でもあるのだ。「二一四《ふんどし》」という語呂合わせも心許ないし、歴史も二〇一一年制定と極めて浅い。しかし「褌」は、私も常用しているが、気合いが入るのである。

手と肩甲骨と股間には、なにか特別なスイッチがあるのではないだろうか。日常は越中褌、特別なときは六尺褌をお薦めしたいが、特別ってどんな日かは自分で考えて。

「寂」とは心の平安

涅

涅

デツ・ネツ・ネ
くろつち・くろ・そめる

2月15日

本来は旧暦だが、二月十五日はブッダが亡くなった日。涅槃会《ねはんえ》*という行事があちこちの寺で行なわれる。「涅槃」は「ニルヴァーナ」の音写で、意味は煩悩の炎が消えた平安な状態。意訳は「寂滅《じゃくめつ》」とか「寂静《じゃくじょう》」だから「涅槃寂静」は音写と意訳を重ねた言葉だ。

「寂」とは沈黙ではない。沈黙しても賑やかなのが人の心。本来は悟りの境地だが、死も結果として静かになるため「示寂《じじゃく》」「般涅槃《はつねはん》」という。生きながら寂になりたい。

＊釈迦の入滅の日（命日）に寺で行われる法会のこと。

「火《ひ》乃《の》要《よう》慎《じん》」第一

火
カ
ひ・ほ

2月16日

「火」を眺めていると、時を忘れるのはなぜだろう。またふいに振り向きたくなるのはなぜだろう。

　ゼウスから火を奪ったプロメテウスも、「炎」の揺らめきに惹かれたのだろうか。『古事記』では伊弉冉《いざなみ》＊の神が火の神を生んで神避《かむさ》る（死ぬ）。初めから危険が認識されているのだ。そういえば「災」の上部は洪水、下は火事の禍である。乾燥期の今は特に「火乃要慎」。火は乃《すなわ》ち慎むことを要す。

＊日本神話の女神で、伊弉諾《いざなぎ》の妻。多くの神々を生んだと言われている。

「犬」は「自然」にも入っている

燃

ネン
もえる・もやす・もす

2月17日

「然」には既に「火」がレンガとして入っている。じつはこの字、2月12日に示した「犬」の肉（月）を焼くことで、「燃」の元字なのだ。しかしこの字はやがて「然《しか》れども」などと、接続詞的に使われるようになったため、「もえる、やく」の意味では更に火偏をつけた。漢代以後になって、使われるようになった文字である。

愛犬家諸氏には目を覆う話だが、この際犬なくば何も燃されぬと誇られよ。ステイ！

冬こそ氷を愛でる季節

2月18日

氷
ヒョウ
こおり・ひ

「火」「燃」と続いては火照るに違いない。ここは「氷」で冷まそうとの老婆心だが、温暖化でむしろ「氷」は貴重品である。「白隠《はくいん》禅師《ぜんじ》坐禅《ざぜん》和讃《わさん》」*では衆生を「氷」、仏を「水」に喩えるが、流氷や氷柱はべつに「こだわり」で固まっているわけではないし、なにより美しい。また雪や氷が静かに融けるほうが、雨で降るより農業にもありがたい。夏のかき氷も勿論いいが、やはり冬こそ美しい氷を楽しみたい。

＊江戸中期の禅僧・白隠が、坐禅の素晴らしさをわかりやすく七五調の和文で伝えたもの。

厳寒あってこその美しさ

水

スイ
みず

2月19日

今日は二十四節気の二番目である「雨水《うすい》」。これまで雪や霰《あられ》や霙《みぞれ》で降っていたものが雨に変わる頃合いである。今後雪にならない保証は全《まった》くないが、ひとまず春の到来と喜ぼう。

昔から、この日に雛人形を飾ると良縁に恵まれるなどと言うが、なぜ雨の日に、とも思う。おそらくただ余裕を持って準備せよと勧めているのだろう。お雛さまの片付けが遅いと行き遅れる、というのも聞いたことがあるが、じつに締め付けの多い国だ。

2月20日

ノコギリで切ったから「我」がある

我

ガ

われ・わ

「我」はもともとノコギリの形。全体と繋がった存在なのに鋸で切り、自立したかに見せかけたアイディアは秀逸。「我」がノコギリではなく「自己」の意味で使われたため、ノコギリには新たに「鋸」の文字が作られた。その事情は2月17日の「然」から「燃」が派生したのと同じである。

ブッダが掲げた「諸法無我《しょほうむが》*」の旗印は、何物も単独では存在し得ないということ。我思うゆえに我あったりはしない。

＊全てのものは因縁によって生じたものであり、永遠不変の実体ではないこと。ブッダの三法印の１つ。

他

タ
ほか

2月21日

自意識が「他」をつくる

他

「我」というノコギリで切れば「自」と「他」(它《た》*)ができる。その瞬間から人は、「自」ばかり贔屓《ひいき》しはじめるのである。

たとえば「汚い」ものは、「他」に決まっている。尿も便も、「自」内部にあるうちは汚くないのに体外に出るや即座に汚いものになる。ゴキブリが汚く見えるのも菌の数など関係なく、単に嫌いな「他」だからだ。

仏道修行は全て自他の隔たりを狭めるためのもの。自意識なき世界は常に広大だ。

*它はもともと蛇の頭の象形文字。その変形が也であり、他は「人」と「它」からなる。

2月22日

萌えて春めくもやし哉《かな》

「萌える」とは、植物が芽吹くことだが、最近は物や人への好意や情熱が芽吹くことにも使うようだ。

「もやし」はむろん「萌え」から派生した言葉。暗室で「萌やし」、すくすく伸びた芽を頂戴する。もともと種にある栄養だけで育ち、暗いからこそ光を求めてどんどん伸びる。種の孕む力はすごい。

今日は「猫の日」らしいが、そういえば近所のタマの声もなんだか萌えている。

萌

ボウ・ホウ

めぐむ・めばえ・きざす・もえる

冬眠は畏敬すべき能力

萎

「萌える」の反対語は「萎える」である。萎えたもやしは旨《うま》くない。

しかしこの季節の蓮は、完全に枯れしなびた姿で眠りつつ、やがて初夏になると「立ち葉」という新芽を水中で萌やす。

古代から人間は、こうした冬眠の能力に憧れてきた。多くの植物は冬眠してまた目覚めるわけだが、羨ましいのは動物である。蛇に神性を感じたのもそのせいだ。一度でいいから十日ほど冬眠してみたい。

萎　イ　なえる

2月23日

逆風に向かえば方向を見失わない

2月24日

逆

ギャク

さか・さからう

立春から春分までの間に広い範囲で吹く、暖かな強い南風を「春一番」と言う。名曲「早春《そうしゅん》賦《ふ》」の「春は名のみの風の寒さよ」から脱却するわけだが、南風を喜んでばかりはいられない。海難事故や航空機事故も起こりやすく、元々漁民たちが「春一《はるいち》」と呼んで警戒した風なのだ。

「風」は「鳳《おおとり》」と「虫（＝龍）」が合体した文字。もとより制御などできないが、逆風のほうがむしろ方向を見失いにくい。

死して怨霊となる

怨

エン・オン

［外］うらむ・うらみ

2月25日

天神さまとも呼ばれる菅原道真公が延喜《えんぎ》三（九〇三）年の今日亡くなった。右大臣まで上り詰めながら藤原時平《ふじわらのときひら》＊の讒言《ざんげん》に遭い、九州の太宰府に左遷されてその地で亡くなった。さぞや怨みは深かろうと、人々はその怨霊《おんりょう》に怯えた。

なんと二十七年後の清涼殿落雷事件まで、道真公の怨霊のせいにされたのである。「怨」とは心中に蟠《わだかま》り、いつまでも忘れられない思い。誰のためにもならない。

＊平安前期の公卿。菅原道真を失脚させ藤原氏の政権を確立。律令制の維持に努めたが、39歳で死去。

カラッポこそ創造的で慈悲深い

虚

キョ・コ
むなしい・うつろ・うろ

「虚」は「むなしい」とも訓み、「虚言」はウソのこと。世間ではあまり良い意味に用いられない文字だが、本来は「虚＝からっぽ」の状態こそ最も創造的である。器も人の頭も、余計なもので埋められていないほうが役に立つ。

子供の発想がしばしば天才的なのは、まだ余計な知識で埋まっていないからだろう。思えば慈悲とは、心に相手のための「虚」を用意すること、「虚心」で向き合うことだ。

意味は音からおしはかる

「言」という文字は、神への祝詞を入れる𠙵（サイ）の上に、もしも不正の祈りであれば入れ墨の刑罰を受ける覚悟として「辛」（入れ墨用の針）を載せている。

すると夜闇に紛れ、神が「𠙵」に降りてきて微かな音をたてる。その音がどんな神意なのかを「おしはかる」のが「意」。だから「音」の「心」なのだ。

古代、言葉に祈りを込め、発するのに覚悟を伴った時代が確かにあったのだ。

意　イ
［外］こころ・おもう

2月27日

「如」とは次々現れる春の兆し

「きさらぎ」の起源は「衣更着」や「気更来」など、寒さか陽気の増長かで意見が分かれるが、問題は中国から伝わった「如月」という元の表記である。

紀元前二世紀の中国の辞書『爾雅《じが》』*には、「二月を如と為す」とあり、ここで「如」とは、女（巫女）の受けた神託（口）に「従い」、その「ごとく」すること。一つ春の兆しが見えるとそれに従うように次々連動して動きだすことを言ったらしい。

如　ジョ・ニョ

＊中国最古の辞書。

今日無事

こんにちぶじ

2月29日（うるう日）

「無事」とは、外に何も求めず自身を信じること。臨済禅師*は「無事《ぶじ》是《これ》貴人《きにん》」と言った。現代人は情報をあくせく外に求め、いつになっても充足しない。求める答えは自己の内にあるのだと信じよう。それができず外にばかり求める人を、禅師は「病」だと断言する。

雪でも雨でも避けるのではなく、向き合って味わえば「無事」になる。この本を縁に、毎日を「無事」に生きよう。

＊9世紀半ばに活躍した唐代の禅僧で、臨済宗の開祖。

我を忘れて吾になる

3月1日

吾

ゴ

われ・わが

「我」（2月19日）では、全体からノコギリで切断された「ワレ」を示したが、やはりそれだけでは「ワレ」は表しきれない。こちらの「吾」は、祝詞を入れた「𠙵（サイ）」の上に二重の蓋である「五」を置き、祈りの効果を守っている。

荘子《そうし》*は「吾は我を喪《わす》る」と言い（斉物論《せいぶつろん》篇）、両者を区別して使っている。忘我や坐忘《ざぼう》を入り口に万物斉同《ばんぶつせいどう》へと到る荘子の思想は、ブッダの覚りに極めて近い。

＊中国・戦国時代の思想家。紀元前4世紀後半の人、本人と弟子たちの言葉をまとめたのが『荘子』。

眞如《しんにょ》とは言葉にできない真理

眞（真）　シン　ま

3月2日

2月28日の「如」に重ねると「真如」となり、仏教では物事の在りよう、真理の意味になる。「眞」は元々行き倒れの死者。もはや変化しないから永遠の真理とされ、そういう死者こそ怨霊《おんりょう》にならないよう「慎《つつし》」んで「瞋《いか》」りを「鎮」めることが求められた。日本でも柿本人麻呂は行倒れのための長歌や和歌を多く作った。

真理は言葉で直截《ちょくせつ》は表現できない、だから「如」。「真如」としか言えないのだ。

無邪気な桃は平和の象徴

3月3日

桃
トウ
もも

「鬼」（2月3日）でも書いたが、桃には古来鬼を祓う力があるとされた。つまり無邪気パワーが邪気を溶かすのだ。「桃の夭夭《ようよう》たる　灼灼《しゃくしゃく》たり其の華　之《こ》の子于《ゆ》き帰《とつ》ぐ　其の室家《しっか》に宜《よろ》しかろ」（『詩経《しきょう》*』）。あるいは大伴家持の歌「春の苑紅《そのくれない》にほふ桃の花下《したて》照る道に出で立つをとめ」。いずれも教養や礼儀より、無邪気さと生命力が大事という道教的考え方。「牛を桃林《とうりん》に放つ」とも言い、桃は平和の象徴でもある。

＊儒教の経典である経書の１つで、全305篇からなる中国最古の詩篇。

愛《め》でる人だけがめでたくなる

弥

［外］ビ・ミ　や

3月4日

弥生は「いよいよ生《しょう》ずる」季節。まだ風は冷たいものの、植物たちは一斉に萌え出てくる。「芽出度い」の「たい」は自発の助動詞だが、植物の芽吹きは人をも「愛でたい」気分にさせるのだろう。

ただし人間は思いに振り回される生き物。「愛でたい」の「たい」は願望の助動詞で、愛でようと思う人だけが「めでたく」なる。愛でている人にいよいよ愛でたいことが起こるのが世の仕組みである。

3月5日

冬眠から目覚める虫たち

啓
ケイ
ひらく・もうす

二十四節気とは陰暦の一年を二十四区分した節目だが、立春、雨水《うすい》、啓蟄《けいちつ》と続く。落葉のかげなどで巣ごもり（蟄）していた虫が茵《しとね》を啓《ひら》き、外に出る頃合いなのだ。

落葉のかげならいいが、戸の隙間などで眠られるのは些《いささ》か困る。また北日本では餌がないせいか冬眠しない熊が増えて困っている。やはり眠るときは眠る、起きたらスッキリ起きて働く。そんな規則正しい生活がお互いのためにも望ましい。熊さん、頼みますよ。

陽気は動く。陰気も忘れず。

陽

ヨウ

［外］ひ・ひなた・いつわる

3月6日

渾沌《こんとん》を構成する相補《そうほ》的な要素が「陽」と「陰」であり、陽は動く性質、陰は動かない性質を示す。両者は対等の価値で、出逢うことでエネルギーを生みだす。たとえば「善は急げ」と「急がば廻れ」のように、相反する双方の考え方を認める心根は、古くから日本人にある。

恐らく陰陽《いんよう》が『日本書紀』に七箇所用いられ、古より我々に馴染んできたせいではないか。『古事記』に陰陽はまだ見えない。

雪の結晶はなぜ多種類なのか

3月7日

二月の「余寒」が過ぎても、今頃はまだ「早春」。この季節には春暖《しゅんだん》もあれば春雪も降る。光るものは大抵熱も出すものだが、雪の結晶は熱を伴わない。

結晶の「晶」は星を三つ積んだ形。本当は星にも熱があるのだが感じないから無いと見做し、同じように地上で熱なしで耀く石を「水晶」と呼んだ。

雪の結晶には百二十一種類あるらしいが、なぜそんなに形が違うのかは謎である。

晶　ショウ
［外］あきらか

早《さ》緑《みどり》の季節

緑
リョク・ロク
みどり

3月8日

そろそろ緑が目につく季節。漢字の「緑」は糸偏から想像がつくように帛《きぬ》の色合い。最初に青を染め、次に黄色を染める。一度に緑色になる天然染料はない。

一方、「みどり」という訓みは和語で、新芽や若い枝を意味した。そこから「まっさら」「みずみずしい」「つややか」を意味する表現となった。「みどり児」も「みどりの黒髪」もべつにグリーンではない。ちなみにこの時期の緑は早緑か。

3月9日

二種類の「虫」

龍　リュウ　たつ

啓蟄で虫が出てくると書いたが（3月5日）、現在「虫」と表記されるものは二種類ある。一つは元来「蟲《むし》」だったいわゆる昆虫たち。もう一つは頭の大きな爬虫類、蛇類を代表してなぜか「龍」である。

龍が果たして爬虫類なのかは定かでないが、「風」に含まれる「虫」は明らかに龍のこと。冬のあいだは泉に潜むとされる龍だが、雲や風が多くなったら龍が天に昇った証拠。あ、いるいる……。

春はあけぼの

曙

曙
ショ
あけぼの

3月10日

私があれこれ申し上げるより、ここは清少納言の『枕草子』冒頭に目と耳を傾けよう。「春はあけぼの。やうやうしろくなりゆく山ぎは、すこしあかりて、紫だちたる雲のほそくたなびきたる」。春はなんと言っても曙（夜明け頃）がいいと言うのだから、早起きして眺めてみよう。

当時出仕した場所が「朝廷」と呼ばれたのは、夜明けと共に業務が始まったから。仕事は昼で終わり、あとは詩歌《しいか》管弦《かんげん》*ご自由。

＊漢詩や和歌を詠じ、楽器を奏でること。またはその遊び。広くは文学と音楽の意。

3月11日

東日本大震災は終わっていない

どうしても今日は東日本大震災を憶いだす。午後二時四十六分、宮城県牡鹿半島沖百三十六キロ、深さ二十四キロを震源とするマグニチュード9の地震。日本周辺における観測史上最大の地震である。

この震災の一番の特徴は、福島第一原発の事故を伴ったこと、そして行方不明者の多さだろう。十年以上経っても避難者数が三万人*を超え、行方不明者が約二千五百人。死者は関連死を含め一万九千人を超えた。

震

震　シン　ふるう・ふるえる

＊避難者数は復興庁（2023年3月7日現在）、死者数および行方不明者数は警察庁による（2024年3月1日現在）。

蝶は魂を運ぶ？

蝶

蝶　チョウ

3月12日

「蝶」は日本では「てふてふ」と呼ばれた。間違いなく飛ぶ様子の擬態語だろう。古代からいたはずなのに、蝶が『万葉集』に一度も登場しないのはなぜか？　もしや魂を運んでいると思われ、名指すことがタブー視されたのだろうか。

ギリシャでも蝶や息を意味するプシュケ*がやがて魂の意味になった。「蝶来たる時花開き、花開く時蝶来たる」は作者不明だが良寛和尚の好んだ句。

＊ギリシャ神話の愛の神エロスの妻で、人間の霊魂の意味。

春眠暁を覚えず

眠
ミン
ねむる・ねむい

3月13日

「春はあけぼの」を紹介したばかりだが（3月10日）、孟浩然《こうもうねん》*の「春暁《しゅんぎょう》」という詩には「春眠暁を覚えず」とある。とにかく春は睡《ねむ》くなりやすく、寝坊もしやすい。

「朝寝」は俳句の季語で、麗らかな春の朝に布団のなかで微睡むのはどう考えても気持ちいい。必要なら早起きすべきだが、必要ないなら寝ればいい。睡眠は自己管理すべきもの。私は起こされたくもないし、寝た子を起こしたくもない。

＊689－740年。李白や杜甫と共に中国・唐時代を代表する詩人。

叶わぬ願いこそ永遠の誓い

誓

セイ
ちかう

3月14日

「予」（1月16日）や「賀」（1月22日）では、祈りが常に祝うことに重なると書いたが、同様に何かを「願う」ならば併せて「誓い」も必要になる。

日本の仏教徒は宗派によらず「四弘誓願《しぐぜいがん》*」を掲げる。「衆生《しゅうじょう》は無辺《むへん》なれども誓って度《ど》せんことを願う」が冒頭の誓願。四つとも成就できそうにない。だからこそ永遠の誓いなのだ。「誓」の「折」は草木を斧で切ること。誓いの所作らしい。

＊仏教で、すべての仏や菩薩が起こす４つの誓いのこと。

3月15日

荷を負って足腰を鍛えよう

試験の結果が判明する頃だろうか。試験ではどうしても「勝ち」と「負け」が出来てしまうが、「負」は本来そのような二元論ではなく、「荷を負う」こと。

荷を負えば足腰も鍛えられる。鍛えながら、今回の目標が果たして正しかったのかどうか検証しよう。目標を変えることはけっして恥ずかしくない。むしろ人生をもっと広く見つめる機会になるはずである。レジリエンス*こそ人生の宝だ。

負

負

フ

まける・まかす・おう

＊英単語 resilience は、困難を乗り越えて回復する力の意。しぶとさ。

得《とく》意《い》淡《たん》然《ぜん》

勝

勝　ショウ　かつ・まさる

勝った人に文句を言うつもりはない。おめでとう。ただ「勝」は祈りが叶って良い結果を得ることだから、まずは周囲の人々や状況そのものに感謝しよう。その上で、明代の崔《さい》後渠《こうきょ》＊による『六然《りくぜん》』の一節、「得意淡然」を献上したい。得意のときこそゆったり構え、昂奮して勇み足を踏まないことだ。
ちなみに負けた人には「失意泰然」である。失意のときはうろたえず、足腰を鍛えながら視野を広く保っていよう。

3月16日

＊中国・明代末の陽明学者。

3月17日

彼岸は別世界への入口

入
ニュウ
いる・いれる・はいる

今日は彼岸の入り。本来は春分秋分の両日に、真西に沈む夕陽の彼方の浄土を観想する習慣だったが、それが一般には難しかったのだろう。いつしか期間も前後三日を加えた七日間に延び、先祖供養やお墓参りをする期間になった。

観想とはいわゆる「ヴィパッサナー瞑想*」。微細な変化を意識が追いつづけることで思考や言葉を脳内から排除する。それは間違いなく別世界への入口である。

*ブッタが始めた瞑想法で、物事をありのままに観察することに主眼を置いた。

鳥の声は暮らしの彩り

鳴

メイ
なく・なる・ならす

3月18日

「鳥がなく」という意味の字をわざわざ作ったほど、その鳴き声は人の暮らしを彩る。芭蕉は「世にゝほへ梅花一枝のみそさゞい」と詠んだ。小さな体なのによく響く金属的な声で「ジジッ」と地鳴きしたらそれはミソサザイである。

　この句は『荘子』を典拠にしており、一枝で充分という彼らの慎ましい生活を讃えている。豪邸に住むのは醜いとも荘子は言う。確かに鳥の巣は必要最小限の住まいだ。

風向き次第で事態は変わる

3月19日

「向」は元来、神を迎えて祀る窓を示す会意《かいい》文字。＊やがて「むかう」や「さきに」の意味になった。菅原道真は太宰府に左遷され「東《こ》風《ち》吹かばにほひおこせよ梅の花……」と詠んだが、都のある東から西に向けて吹く風が「東風」である。

原発事故後の福島県民は、この風を毎日怖れた。沿岸地区には江戸時代に北陸などから移住した一向宗門徒が多かったが、避難先は一向《ひたむき》ならず、全方向だった。

向

コウ

むく・むける・むかう・むこう

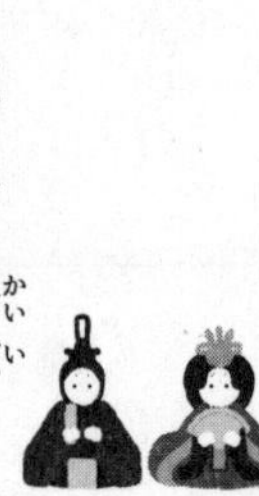

＊２つ以上の漢字を組み合わせて、もとの漢字と異なった意味を表わす。

3月20日

お彼岸は魔が差しやすい

魔

魔

マ［外］バ

今日はどうしても憶いだす。一九九五年の地下鉄サリン事件、そして二〇〇三年のイラク戦争勃発である。

漢方では、陰陽が拮抗する彼岸には肩口が開き、そこから「魔」が入りやすいと考えた。だから日想観などの瞑想を勧め、魔の侵入を防ごうとしたのである。

魔が差して風邪をひくくらいなら問題ないが、魔とは人に災いを与えること。瞑想せずに迷走すると大変なことになる。

やっぱり不思議なお彼岸パワー

3月21日

彼

ヒ

かれ・かの

彼岸は本来遥かな悟りの境地。しかし魔が差しやすい期間とも申し上げた。

終戦の年の今日、敗色濃厚な戦場でロケット型特攻機「桜花」が投入され、母機もろとも全員が花と散った。また二〇〇二年には福島県沖が震源の最大震度6強の地震が発生し、東北新幹線が脱線。前者は人のせいで後者は天のせい、そう割り切りたいところだが、春分の日には割り切れない不思議な魔力を感じてしまう。

坐禅・瞑想で陰の氣を養う

氣（気）　キ・ケ　［外］いき

「氣」はすべての活動力の源であり、地球を覆う「大氣」ともなり、それは宇宙根源の「元氣」に由来すると考えられた。人は氣息（呼吸）によってそれと繋がり、各自元氣に生きているのである。

氣のエネルギーは、陰陽の鬩《せめ》ぎ合いで生ずる。今日から北半球は陽が優勢になっていく。したがって我々は、やや陰に傾くことでバランスをとる。陰とは根のように包み込む働き、つまり瞑想である。

3月23日

どん詰まりの変化で窮状打破

『易経《えききょう》』*に「窮すれば則ち変じ、変ずれば則ち通じ、通ずれば則ち久し」とある。大事なのは「変」が自由な選択で生ずるのではなく、どん詰まりでのやむを得ない変化ということだろう。

トレンドが変われば同じ努力でも効力が変わる。この日のためにこれまでがあったと思えるほどの変化である。

ただし「変」には「みだれる」意味もあるから、時宜を得ない変化にはご用心。

変
ヘン
かわる・かえる

＊古代中国の占いの書。儒教の経典（詩経・書経・易経・春秋・礼記の五経）の１つ。

聡明をしりぞける

明

明

メイ・ミョウ
あかり・あかるい・あきらか・あける

3月24日

目がよく見えることを「明」と言い、耳がよく聞こえることを「聡」と言う。一般的に「聡明」は褒め言葉だが、荘子はこれをしりぞける。感覚器に振り回されてはいけないと言うのである。

『荘子』に感じ入った博多の仙厓《せんがい》和尚《おしょう》*は五十二歳にして「失却す従前の聡と明とを」と宣言し、いわゆるウマイ絵から飄逸《ひょういつ》な画風に変化していく。彼岸「明」けが何かを捨てるキッカケになればいい。

＊1750－1837年。江戸時代の臨済宗の禅僧。禅味あふれる絵画で知られる。

別れの季節

別
ベツ
わかれる

3月25日

よく「別れの季節」などと言うが、昔の別れは確かに切実だった。「別」の字の旁《つくり》は刀、偏《へん》は胸から上の骨格で、「別」は刀で関節を切り離すこと。人の死はもちろん同じクラスから離れることさえ交流の断絶、また困難を意味したのである。

しかし最近は葬儀も簡易化し、生きていればSNSで繋がれるから泣くほどのことでもない。別れが希薄だと出会いも希薄になるような気がするのだが……。

ユスラウメさんごめんなさい

桜

櫻（桜）

オウ
さくら

3月26日

温暖化で、もう桜の季節だ。毎年この花を見ると、サクラに国字が生まれなかったことを不思議に思う。「椿」（1月24日）と同じく、「桜」（櫻）も文字だけが伝わり、この文字の意味する「ユスラウメ」は当時の日本になかった。だから「桜」を「サクラ」にしてしまったのだ。

純国産の花木に漢字がなかったのは当然だが、千年以上も「借用」で済ませるのは本家のユスラウメに失礼ではないか。

厳寒で目覚める

3月27日

破

破
ハ
やぶる・やぶれる

桜の開花システムが次第に明らかになってきた。夏にできた花芽が冬の初めに一旦眠って成長を止め、やがて春の暖かさで成長して花開くのだが、休眠した花芽が目覚めるためには一定の厳寒期が必要だという。これを「休眠《きゅうみん》打破《だは》」と言い、厳寒期がないと開花はむしろ遅れるそうだ。

してみると、毎朝厳寒の時間に起床する道場の雲水*たちは、毎日その日の花を咲かせているのだろうか。南無。

＊各地を遍歴する禅僧のこと。

恩に感謝しよう

恩

オン
めぐみ

3月28日

以前どこかで「謝恩会」を廃止したという記事を見かけた。「恩」の上半分を占める「因」は敷物*の上に人が大の字で寝ている形。その下に「心」を添えて、「恩」はいつくしまれ、愛情を受ける意味だ。

先生や親たちの敷物の如き愛情に感謝するのは当たり前だが、自分たちでその会を企画したのがいけなかったのだろうか。親や先生への恩を心底感じるのは何十年もあと。それを待つなら一生謝恩会などできない。

*因の口は口（くち）でも、口（くにがまえ）でもなく、四角い布団を表している。

「和」を求めた日本人

和

ワ・オ

やわらぐ・やわらげる・なごむ・なごやか

「禾」は軍門に立てる木の標識。「口」は祝詞を入れる「𠙵（サイ）」だから、「𠙵」を置いた軍門の前で講和し、戦争をやめること。

聖徳太子は「以和為貴（わをもってとうとしとなす）」と十七条憲法の冒頭に書き、その後この国の国名が「大和」と表記される。よほど切実に「和」を求めていたのだろう。

やわらぐ、なごむ、なごやか、など様々に訓むが、なぜ「和子」が「かずこ」なのかは謎。また「あえる」と訓んだ人は凄い。

花を見出す情け

情

情
ジョウ・セイ
なさけ

3月30日

夢《む》窓《そう》疎《そ》石《せき》*がこんな歌を詠んでいる。「盛りをば見る人多し散る花の後を訪《と》ふこそ情けなりけれ」。これは足利尊氏を「情け」ある人として称讃した歌らしい。

じつは『徒然草』一三七段にも同じ主旨の記述がある。「散りしをれたる庭などこそ見どころ多けれ」。見た目の華やかさの蔭に潜む美をありありと感じた中世の人々。それは世阿弥の『花伝書』に極まる。秘すれば花、そして花を見出す情け、か。

＊鎌倉時代～室町時代に活躍した禅僧で作庭家。京都の天龍寺や西芳寺などを手がけた。

初雷は御代の鐘

3月31日

雷　ライ　かみなり

初雷《はつらい》*やえぞの果まで御代《みよ》の鐘（一茶）

二十四節気を更に五日ずつ三分割したのが七十二候だが、それによれば今日から五日間が「雷乃発声（かみなりすなわちこえをはっす）」に当たる。泉に潜んでいた龍が活溌に動きだす頃合いである。

雷鳴は通常太鼓の音に喩えられるが、「御代の鐘」とは珍しい。中国渡来の龍ではなく、これは国産の「神鳴り」が、全国を目覚めさせる響きだろうか。

＊立春後、初めて鳴る雷のこと。

早生まれ最後の日

始

始　シ
はじめる・はじまる

4月1日

「始」の「台」は農耕開始に伴って鋤《すき》を清める儀式。「女」偏がついたのは、それに重ねて出産の無事を祈ったからである。農耕や出産の無事を祈る日が年度の始まりとは農業国らしい習慣と言える。

ところで今日生まれまで「早生まれ」として前の学年に繰り入れるのは面白い。これは日本の学校が三月三十一日時点での年齢を基準にし、しかも満年齢は誕生日から数え翌年の「イヴ」*に加算するせいだ。

＊英語 eve　祝祭日の前夜、前日。前夜祭。

春雨じゃ、濡れて参ろう

4月2日

雨

ウ

あめ・あま

春先にしとしと降る雨を「ひそか雨」と言う。またそれは早く咲けと花を促す雨でもあり、「催花雨《さいかう》」とも呼ぶ。「霧雨」、「煙雨《えんう》」には傘が役立たず、新国劇『月形半平太』の名科白「春雨じゃ、濡れて参ろう」が流行るのも頷ける。

行事を予定していれば雨は嬉しくないが、降ってきたものは仕方がない。「甘露の雨に恵まれまして、おめでとうございます」。回天の一句*で一気に慈雨になる。

*世の中の情勢を一変させる言葉。

花に嵐のたとえもあるぞ

嵐

ラン
あらし

4月3日

霧雨程度ならまだいいが、花の時期には嵐も来やすい。「花に嵐のたとえもあるぞ　さよならだけが人生だ」は井伏鱒二の名訳。原文は于武陵《うぶりょう》*「勧酒《かんしゅ》」の一節「花發《ひら》けば風雨多し、人生別離足《た》る」。だからこの杯を断らず飲んでくれ、との主旨。

「月に叢雲《むらくも》花に風」とも言うが、確かに絶頂の今はすぐに凋《しぼ》んでしまう。だから今を存分に味わおうと言うのだが、禅的にはどんな天気でも今が絶頂である。

＊唐代の詩人。『勧酒』は「さよならだけが人生だ」という井伏鱒二の名訳で有名。

4月4日

山花開いて錦に似たり

花
カ
はな

「木の花」と言えば梅か桜のこと。「初花《はつはな》」は多く桜に用い、「余花《よか》」は遅咲きの桜である。日本人の「花」はもはや一同一斉に咲く桜なのだろう。

しかし中国にはサクラがなかったため、桜を用いた禅語も殆んどない。「山花開いて錦に似たり」は桜以外の百花。「みんな違ってみんないい」（金子みすゞ）こそ穏やかで春らしくはないか。この国の花は約七割が四月に咲く。錦は桜のあとの山だ。

残る桜も散る桜

残

残（残）
ザン
のこる・のこす

4月5日

「散る桜　残る桜も　散る桜」*（不知詠人《よみびとしらず》）散る花に注目すれば「零《こぼ》れ桜《ざくら》」、残った花を見つめれば「名残の花」あるいは「残桜《ざんおう》」などという言葉がある。しかしいずれもやがて散る。散ったらどうするのか。

「吉野山こぞのしをりの道かへてまだ見ぬ方の花を尋ねん」（西行法師）。恋する人に死なれ、一時は共に散りたいと駄々をこねた西行だが、ようやく立ち直り、去年辿った道ではなく、今年は別な花を尋ねる。

＊ネット等で散見する良寛和尚の辞世の句というのは誤りで、作者は誰なのかわかっていない。

4月6日

火事にご用心

乾

乾

カン
かわく・かわかす

新芽は出はじめたもののまだまだ空気は乾いている。一九二一年の今日は浅草で大火があり、住宅や店舗千二百二十七戸が全焼、市民四百九十四人、消防隊五十人が負傷した。「乾」は本来、車に立てた吹き流しが風になびく様。晴れて爽やかな天気ゆえ「かわく」意味になる。ただ『易経《えききょう》』*に乾の卦《け》があり、六本の陽が揃う卦であるため、天・君・父・健・剛などの意味にもなる。「乾坤《けんこん》」は、『易経』由来で天地のことである。

＊古代中国の書物で五経の１つ。六十四卦を説明する「経」と、その解釈の「十翼」から成る。

燕が来るころ雨が降る

七十二候では四月五日から九日を「玄鳥至」と言い、「燕《つばめ》来たる」と読み慣わす。小さな躯でインドネシアやフィリピン、オーストラリアなどから数千キロを飛ぶのは驚く。敵を警戒し、海面すれすれを時速数十キロで飛ぶ（最高飛翔速度は約二百キロ）。
オスは早めに着いて古巣を調える。天敵を避けるため、人間との共生を選んだ奇特な鳥。人々も害虫を食べる益鳥と歓迎した。雨が降れば土壁の巣も作りやすい。

燕

エン
つばめ・さかもり・くつろぐ

4月7日

ブッダの降誕を祝う

4月8日

佛

佛（仏）

ブッ
ほとけ

日本では今日がお釈迦さま（ゴータマ・シッダルタ）の降誕会。花祭とも呼ばれる。そういえばキリスト教でも精霊降臨《せいれいこうりん》と言う。どうも特別な方々は天から降り立つらしい。

その際に甘露の雨が降ったとの故事から、日本では花御堂《はなみどう》*に誕生仏を祭り、甘茶を掛けて祝う。

最近は甘茶の抗アレルギー作用が注目され、花粉症の人も愛飲。甘みは糖類でないため糖尿病の方にもお勧め。

*様々な花で屋根を飾り、釈尊誕生の立像を安置する小さなお堂のこと。

「宝《ほう》・法《ほ》華《け》経《きょう》」と鳴くのは近世から

鶯

鶯　オウ　うぐいす

4月9日

早春から鳴きだすウグイスは、次第に鳴き方が上達し、臈《ろう》長《た》けてくる。メスを意識して練習もするようだが、そろそろ「ホーホケキョ」と聞こえる頃か。

繁殖期の春の声しか知らないが、じつは晩春には里から山へ帰り、営巣して子育てする。そして春夏以外は「ヂャッ　ヂャッ」と地味な声で鳴くのである。平安初期には「ウー、グイ」と聴いたらしく、それが和名「うぐいす」の由来とも言われる。

桜守は仕事はじめ

4月10日

桜の里わが三春では、花が終わると木の周囲に穴を掘って堆肥などを補う。そんな「花守」（桜守）が大勢いるのである。芭蕉はどこで詠んだのかこんな句を残した。

「一里《ひとさと》はみな花守の子孫かや」

まるで三春の滝桜でも見たかのような句だ。三春に初めて築城した田村義顕《たむらよしあき》＊公は滝桜に惚れ込んで禄《ろく》を与え、周囲の人々に世話を命じると共に免税にした。そして初花は早馬で報告させたのである。

守

シュ・ス

まもる・もり

＊14世紀から福島中通を支配した戦国大名。1504年に三春城を築き居城とした。

なつかしき汐干狩り

潮

チョウ
しお

4月11日

「潮《しお》（汐）干《ひ》狩《が》り」というのをしたことがあるだろうか。穏やかな春の日、遠浅の浜を歩き、蛤《はまぐり》やアサリなどを掘って遊ぶ。子供にはいつ終わるとも知れぬ楽しい時間だった記憶がある。「なつかしや汐干もどりの月あかり」（久保田万太郎*）。

「潮（汐）干」は春の季語。旧暦三月三日前後の大潮の日が特に賑わったらしい。私が体験したのは福島県の松川浦だが、今も賑わっているのだろうか。

＊1889－1963年。小説家、劇作家、俳人。俳句誌『春灯』を主宰。

花見は疲れるけれど……

4月12日

疲
ヒ
つかれる

花見は疲れる。人出や陽気のせいもあるのだろう。だいたい花見は花にかこつけた宴で、場合によっては花が散ってしまっていたりもする。

「宴未だはじまらずして花疲れ」（高浜虚子*）。しかし大地震でも来れば、そうした近隣のメンバーこそ頼りになるのだろう。共同体へのご挨拶、そう思って少々おめかしして出かけてみよう。やがて「花疲れ帯ながながととききしまま」（足立文女）。

＊1874－1959年。俳人、小説家。生涯20万超の俳句を詠んだ。

草は逞しい。

草

草　ソウ　くさ

4月13日

春来たれば草生《しょう》ず、と言う。ごく自然なことである。草生ずれば、それを摘みたいと思うのも昔は自然だったのだろう。

近所の女子たちと、土筆《つくし》やタンポポ、蓬《よもぎ》や芹《せり》などを摘んだ記憶が甦る。そして白詰草《しろつめぐさ》をたくさん摘み、首飾りや冠を編んで交換した。花見、潮干狩りと共に、草摘みは伝統的な春の行楽。

多くの草は摘まれることに備え、成長点を地面ぎりぎりまで落とした。逞しい。

耕しつづけるのが人生か

4月14日

耕

コウ
たがやす

すでに終わっている地方もあるはずだが、冬のあいだ手入れをしない田畑の土を起こし、今年の植え付けの準備をする。むかしは牛や馬に犂《からすき》と呼ばれる農具をひかせたが、今は格安の耕耘《こううん》機《き》がある。

禅の世界ではよく「耕雲《こううん》」「耕月《こうげつ》」などと言う。いつ終わるとも知れず、効果もよく見えない真摯な営みである。思えば耕すこと(cultivate)から文化(culture)は生まれた。耕し続けるのが人生か。

そろそろ蒔き時か

蒔

蒔

シ・ジ
まく・うえる

4月15日

「種《たね》蒔《ま》き桜」と呼ばれる桜が各地にある。桜と共に農業が本格的に始まるのだ。そういえば折口信夫《おりくちしのぶ》*は「さくら」の「さ」は農業神で、あの木は「さ」が降り立つ「くら（座）」なのだと言った。

種を「まく」場合、「撒く」も「蒔く」も「播く」も用いるが、「撒く」はばらまく感じだし、「播く」は一般的でない。やはり適期を意識する印象の「蒔く」が相応しい。今は里芋や胡瓜の蒔き時か。

＊1887－1953年。国文学者、民俗学者、歌人、詩人。筆名釈迢空《しゃくちょうくう》。国学院大・慶應大教授。

4月16日

虹の出はじめる季節

虹

虹
コウ
にじ

虹に季節があるのは意外だが、七十二候では四月十五日から十九日頃が「虹始見（にじはじめてあらわる）」になる。

「虹」が虫偏なのは、龍の一種と思っていたせいだが、やはり冬の間は龍らしく泉に潜むと考えたのだろう。

私は虹運がよく、ダブルの虹（主虹と副虹）も見たし、飛行機から三百六十度の虹も見た。月光冠も美しかった。あとはいつか「白虹《はっこう》＊」というのを見てみたい。

＊霧や小糠雨などの時に見られる白い色の虹のこと。

苗を植える好時節

苗

『説文解字《せつもんかいじ》』では、「苗」とは「田に生ずる艸《くさ》」だが、やがて田に植える「なえ」を意味し、のちすべての植物の「なえ」の意味になった。四月は野菜や草花だけでなく、多くの庭木や果樹を植えるにも好季だ。柿、桃、梅、沈丁花や木犀、躑躅《つつじ》など、昔は寺社の境内で売ったものだが、今はＪＡか。苗代で育ち、田に移し替える頃の稲を「早苗《さなえ》」という。ここにも「さ」だ。「さ」は今後「さ乱れ（五月雨）」を降らせ、はらはらさせながら水を補う。

苗　ビョウ
なえ・なわ

4月17日

4月18日

山菜採りは熊にご用心！

蕨
ケツ
わらび

私の好きな河鍋《かわなべ》暁斎《きょうさい》*記念美術館があるのは埼玉県蕨だが、今日はその蕨とは関係なく、山菜の蕨である。

山菜の季節になると、山が近くなるという人々が私の周囲にも多い。里山と日本人の麗しい関わりだが、最近はマーケットでも栽培された蕨やゼンマイなどが買える。野生じゃないものを山菜と呼べるのか疑問だが、今や山菜採りは熊の危険と背中合わせ。あ、ほら、後ろ！

＊ 1831 − 1889 年。幕末から明治にかけて活躍した浮世絵師、日本画家。

苦しさは苦さとして楽しもう！

苦

ク

くるしい・くるしむ・にがい

4月19日

人間は、甘《かん》・酸《さん》・辛《しん》・苦《く》の順に味を覚え、逆の順番で忘れていくらしい。つまり「苦み」を旨いと思えたら一人前、しかし老化と共に「苦み」や「辛み」が楽しめなくなり、最後まで旨いのが「甘み」。

ビールを呷《あお》り、タラの芽や蕗の薹の天麩羅が旨いと思える私はまだ若いのか。いや、問題は心の甘酸辛苦である。辛く苦しいことも味わい楽しめるのが大人。「苦」とは元々「にがな」という草のことだ。

雀が減るのは望ましいか？

4月20日

雀

ジャク
すずめ

「うららとのどかなり」という『蜻蛉《かげろう》日《にっ》記《き》*』の春の一節。鶯が鳴き、鶏の声が聞こえ、そして「屋の上をながむれば巣くふ雀ども、瓦の下を出で入りさへずる」とある。巣づくりのため藁などを屋根瓦の下に運び込む姿が、わりと冷淡に描かれている。『舌切り雀』もそうだが、雀は燕と違って害鳥扱いなのだ。

その雀が激減しているらしい。原因は屋根の作りの変化と主食の草の実の減少。現在推定約七千万羽、人口減少に比例か。

＊平安時代の日記文学。題名は「あるかなきかの心ちするかげろふの日記」より。

清少納言の愛した雀の子

昨日の話が半端だったので続けたい。『蜻蛉日記』の作者藤原道綱母は雀に冷淡だったが、『枕草子』の清少納言は「こころときめきするもの　すずめの子飼」と書く。

また「うつくしきもの」として「すずめのこの、鼠鳴きするにをどり来る」も挙げた。つまり伏籠《ふせご》で捕まえた子雀を飼い、鼠の声を真似ると寄ってくる雛を愛でていたのだ。なんという豊かな遊びか。ところで鼠の声ってどんなん？　やっぱりチュウチュウ？

鼠

ソ・ショ・ス
ねずみ

4月21日

ゆく河の流れと動的平衡

4月22日

衡

コウ

［外］はかり・はかる・くびき

鴨長明《かものちょうめい》*が『方丈記』を書き上げたのは、一二一二年（建暦二）年の春だったらしい。

名文を復唱しよう。「ゆく河の流れは絶えずして、しかも、もとの水にあらず。よどみに浮かぶうたかたは、かつ消え、かつ結びて、久しくとどまりたる例《ためし》なし」。以上、仰るとおり。科学的事実。生物学者の福岡伸一氏はこのゆく河のありさまに命を重ね、「動的《どうてき》平《へい》衡《こう》」と呼んだ。共に構成要素を変えながら均衡を保つ。

＊1155－1216年。平安時代末から鎌倉時代前期の歌人、随筆家。

笑うに似たり

咲

咲

ショウ

さく

4月23日

さまざまな花や新緑が山を彩る季節。そんな光景を「山笑う」と表現する。「故郷《ふるさと》やどちらを見ても山笑う」（正岡子規）。

時に「咲」という字を「わらう」と訓むのを見かけるが、白川静《しらかわしずか》先生*によれば、「咲」はもともと「わらう」意味で、花が「さく」のは「開《さ》く」や「披《さ》く」と書いた。

やがて「花咲く」のように使われだしたのは、花が咲くのを人の口が綻《ほころ》びる様子に喩えたのだろうと仰る。御意。

＊ 1910 － 2006 年。漢文学者・東洋学者。立命館大学名誉教授。

アシとヨシは同じ草

4月24日

葦

イ

あし・よし

水辺のアシがそろそろ芽を出す季節だ。なぜか穂を出すまえのアシは「蘆」または「葭」と書く。成長後は「葦」である。不思議なことに、字書を見ると、どの文字にも「アシ」と書かれた下に「ヨシ」とある。

アシは「悪し」に通じて縁起が悪いと、「ヨシ」と呼び変えたのである。「よしあしの中を流れて清水哉《しみずかな》」（仙厓義梵《せんがいぎぼん》*）。葦が流水を浄化するように、善し悪しを離れてこそ心は清らかになる。

＊1750－1837年。江戸時代の臨済宗の禅僧、禅画に秀でる。

平等と差別こもごもに楽しむ

色　ショク・シキ　いろ

4月25日

新緑の色彩はおそらく紅葉以上に豊かである。そして「春《しゅん》色《しょく》高《こう》下《げ》無《な》し」（『普《ふ》燈《とう》録《ろく》』*）というように、「風光る」春の光はそれらを遍《あまね》く隔てなく照らしだす。

しかし禅語は「花枝自ずから短長」と続く。一律の平等観だけでは真理はわからず、元々具わった違い（差別）もきちんと見なければ世界は真相を見せてくれない。「色即是空」も重要な真理だが、「空即是色」の現実をつぶさに観察し、春を楽しもう。

＊中国の宋の時代に編纂された禅宗史伝の１つ。

よくみれば、感動がある

4月26日

「よくみれば薺《なずな》花咲く垣根かな」（芭蕉）。昨日の続きのようで恐縮だが、よく見れば普段は気にもとめない芭蕉庵の垣根の根元に、目立たない薺の白い花が咲いている。しかも更によく見ると、花は微かに紫色を帯び、驚くほど可憐である。

おそらく七草粥や菜飯《なめし》の食材として、またペンペン草として遊ぶことも知っていたものの、その花の意外な美しさに驚くのだ。すべては「よくみる」虚心の賜《たまもの》。

薺

セイ・ザイ
なずな・はまびし

霞立つながき春日に

霞

カ
かすみ・かすむ

4月27日

「霞」とは、微細な水滴や塵が原因で空がぼんやりする現象だが、こちらの気分次第で心地よくも鬱陶《うっとう》しくもなる。「霞立つながき春《はる》日《ひ》に子供らと手鞠つきつつこの日暮らしつ」（良寛和尚）。歌を素直に読めば、霞が夕焼けで色づくまで、良寛さんは日がな一日子供らと手鞠で遊んでいるように読めるのだが、本当だろうか？

少なくとも急ぐ用事はなく、葬儀もなく、原稿の〆切もないのは確かだろうが……。

古池や蛙飛こむ水のおと

4月28日

深閑と静まりかえったなか、俄《にわ》かに大きな音がした。蛙が池に跳び込んだのだろう。そこで芭蕉は、静謐《せいひつ》を際だたせるため「古池や」と冠した、と俳句の専門家は言う。

鈴木大拙《だいせつ》翁*はこれこそ「無意識の命の躍動」だと讃歎する。確かにこれは四十三歳蕉《しょう》風開眼《ふうかいげん》の句とされる重要な一句である。

一方、博多の仙厓和尚は「池あらば飛《とん》で芭蕉に聞かせたい」と唱和する。両者とも、真実を伝える明るさと軽《かる》みを心得ている。

蛙

ア・ワ

かえる・みだら

＊1870 − 1966 年。仏教学者。禅の著書を英語で著し、日本の禅文化を海外に紹介した。

国民統合の「象徴」

昭

ショウ
あきらか

4月29日

今日は「昭和の日」。迪宮《みちのみや》裕仁《ひろひと》親王の誕生日である。昭和には男女とも名前に「昭」や「和」や「裕」のつく人が多かった。明らかに今より大きな影響力を感じる。

昭和二十一年元旦には「人間宣言」。天皇を神々に連ねたいわゆる「国家神道」に幕を引き、人間だと宣言したのだが、翌年施行された日本国憲法では「象徴」という難しい存在になった。通常の人権はなく、国民統合の「象徴」を目指された。まさに神対応！

4月30日

穏やかな空気の化身か

丹

タン

に・あか・まごころ

そろそろ牡丹の咲く季節だが、この花木も名前も中国から伝わった。唐の玄宗皇帝が愛して「花神」とも「花王」とも称され、日本では元禄時代から栽培されたらしい。

それにしても、なにゆえ「牡丹」なのか……。「牡」はオス、「丹」は不老長寿の仙丹のイメージだが、「赤」や「まごころ」の意味もある（丹心）。最初の牡丹は赤（丹）だったのだろうか。「めつむりて　闇《くら》きが中に白牡丹」（山口青邨《やまぐちせいそん》*）。私は白牡丹が好きだ。

＊1892－1988年。俳人、鉱山学者。工学博士として東京大学に勤めながら俳誌『夏草』を主宰。

茶　チャ・サ

禅僧が持ち込んだ喫茶の文化

5月1日

今日は立春から八十八日目。閏年でなければ五月二日のことが多い。「八十八夜の別れ霜」とも言われ、茶摘みや田植えなど、本格的な農業の始まりである。

「あかねだすきに菅の笠」での茶摘みはもはや見られないにしても、この時期に摘まれた新茶を愛でる習慣は長く保っておきたい。最近は急須のお茶を飲んだことがない子供が多いらしい。ペットボトルに入ったお茶は単なる飲料で、もはや文化ではない。

5月2日

今や古びた「労働」の文字

働

ドウ
はたらく

一九二〇年のこの日、上野公園で第一回メーデーが行なわれた（参加者五千人）。本来は五月一日に行なうヨーロッパの五月祭*だが、いつしか労働者が団結を示す祭典に変わった。一日遅れたのは何故だろう。「苦役」を意味する欧米の労働と、「はたらく」という和語の違いを、考えるうちに出遅れたのだろうか。人偏に「動く」というこの文字は鎌倉時代に作られた国字だが、PCに向かう労働にはまた別な字が欲しい。

*古代ローマに由来し、夏の豊穣を予祝する祭りと考えられている。

憲法記念日

憲

ケン

のり・のっとる

5月3日

一九四七年の今日、日本国憲法が施行された。序文にこうある。「いづれの国家も、自国のことのみに専念して他国を無視してはならないのであって、政治道徳の法則は、普遍的なものであり……」。ＧＨＱの一貫した統制下で承認された条文だが、今のアメリカには到底当てはまらない。

この憲法の不備は国土についての規定が一行もないこと。不住の外国人が自由に日本の土地を買える現状には、憲法で制約を！

黄金週間（ゴールデンウィーク）

5月4日

ゴールデンウィークが成り立つためには何より今日が休日でなくてはならない。当初の名目は「国民の休日」であった。「憲法記念日」と「こどもの日」に挟まれ、特別な肩書きのない四日は肩身が狭かった。

　しかし昭和天皇が亡くなり、天皇誕生日だった四月二十九日は「みどりの日」になったが、この日が「昭和の日」に改変されたため「みどりの日」が五月四日に移ったのだ。お下がりでも喜ぶ四日がいじらしい。

休
キュウ
やすむ・やすまる・やすめる

子供の幸せを願う

鯉

鯉

リ

こい・てがみ

5月5日

今日は「こどもの日」。そして「端午《たんご》の節句」でもあり「菖蒲の節句」とも言われ、そのうえ今年は二十四節気の七つ目「立夏」でもある。お下がりの肩書きを喜ぶ四日に比べると、あまりに豪華な肩書きではないか。

飾り物も、床の間には金太郎や兜、外には鯉のぼり、風呂にも菖蒲を入れたりできる。しかも粽《ちまき》や柏餅も旨いし、もはや豪華絢爛。しかしここは驕《おご》ることなく、鯉のぼりのように腹に一物も抱えず、子供の幸せを祈ろう。

共に是れ凡夫のみ

5月6日

凡

ボン・ハン

すべて・みな・およそ

『日本書紀』によれば、今日が聖徳太子の「憲法十七条」発布の日。内憂外患《ないゆうがいかん》の時代、太子は「和」を重んじたが、第十条では「人の違うを怒らざれ」と説く。人の考えは皆違うのだし、いずれも凡夫なのだから、互いに賢であったり愚であったりする。

相手が瞋《いか》り*の表情を見せたら、まずは自分が間違っているのではないかと疑えと言う。これは公務員の心得だが太子の仏教理解の賜。「瞋り」は「貪《むさぼ》り」の抑圧で発生する。

＊仏教における煩悩の１つで、自分の心と違うものへの憎しみが目に現れた状態。

年に一度の贖罪《しょくざい》

藤

藤
トウ
ふじ

5月7日

藤原をはじめ、藤谷、藤山、藤浪、藤村、藤沢、藤尾と藤を冠した姓は無数にある。藤原の影響だろうが、藤がそんなにいいかと、正直思う。自立もできるのに、できれば他の木に凭《もた》れ、絡んで生きてゆきたい奴。禅で「葛藤《かっとう》」とは、解けない公案のこと。葛《くず》や藤は絡みつき、厄介にもつれる代表格。簡単には解けない公案のうまい喩えだ。

　しかし年に一度、藤の花が咲くと思わず許したくなる。香りはクマンバチ*も大好きだ。

＊一部地域の方言で「クマバチ」のこと。性質は温厚で、滅多に人を刺すことはない。

5月8日

赤十字に生きる「怨親《おんしん》平等」

等
トウ
ひとしい

今日は赤十字の創設者アンリ・デュナン氏の誕生日にちなみ、世界赤十字デーとされる。戦争での死傷者が放置されたままの惨状を見かね、敵味方の区別なく救護する中立的な博愛団体の必要性を訴えて創設した。

この思想は日本にも古くからあり、奥州藤原氏の中尊寺、無学祖元のいた鎌倉円覚寺などから「怨親平等」*の思想として広まった。元寇による死者は、大抵「怨（敵）親（味方）」等しく懇《ねんご》ろに葬られ、供養されている。

＊元は仏教語で敵味方の恩讐を超えて、区別なく極楽往生させることを意味した。

包容力のある上野公園

園
エン
その

5月9日

日本初の「公園」ができたのは明治九年の今日。上野恩賜《おんし》公園である。五十三万㎡の広大な敷地を、庶民の憩いのために下さった。不忍池や寛永寺、博物館、美術館もあり、動物園まで恩賜なのだから陛下に感謝である。

東北人にとっては、かつて東北本線の終点だった上野が「心の故郷」という印象が今もある。それは何よりこの公園の包容力のお陰ではないだろうか。大勢の浮浪者と彼らに養われる野良猫たちを見るとそう思う。

5月10日

なつかしき「蛙の歌」

冬眠から目覚め、先月28日に古池に跳び込んだ蛙が仲間と共に一斉に鳴きだした。田圃も賑やかだ。七十二候の「蛙始鳴（かわずはじめてなく）」が昨日で終わった。

少年時代、小学校で「蛙の歌」を輪唱したものだが、今も歌われているのだろうか。蛙はハエや蚊を食べるし、数が多いと生態系的にも良い環境とされて評判もいい。それにしても大らかに異性を求める歌が人間に輪唱してもらえるとは、なんという果報者だろう。

歌

カ

うた

アクは自立への欲求？

筍

ジュン・シュン
たけのこ・たけのかわ

5月11日

子供の頃から毎年筍取りをしてきた。専用の道具があり、地下茎と繋がったほうをうまく切り落とす。繋がったほうの見分け方は父に教わった。持参した包丁で切り口を整え、背中の籠に放り込む。玄関に持ち帰ると早速ご近所や総代さんなどに配る。

筍は根から切り離されてから時間が経つほど、また太陽光を浴びるほどアクが強まる。アクとはいわば自立への欲求のようなもの。

「筍の皮むく男歌もなし」（会津八一*）

＊1881－1956年。歌人・美術史家・書家。雅号は秋艸《しゅうそう》道人《どうじん》。

5月12日

ミミズに感謝しよう！

土

ド・ト
つち

「土」は本来土地の神を祀る社《やしろ》を意味したが、「つち、大地」の意味で使われだしたので祭卓（示）を添えた「社」が別にできた。

七十二候では「蚯蚓《みみず》出《いずる》」季節。ミミズは動くだけで土の通気・通水を良くし、死ねば窒素・リン酸などを土に供給するありがたい存在。ありがたいのに感謝されない代表的生き物ではないか。今度アスファルトに迷い出たミミズを見かけたら、そっと土に戻してあげよう。あ、こら、足でなく手で！

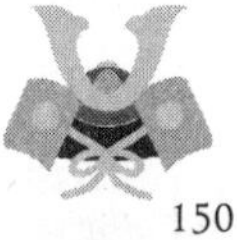

仏は薫風のようなもの

風
フウ・フ
かぜ・か

5月13日

風はいつでも吹くが、特に初夏、青葉を透かして吹く南風を「薫風」と呼んで愛でる。宋代の禅僧圜悟克勤《えんごこくごん》*は、「如何なるか是れ諸仏出身の処」（諸仏が現れるのはどんな境地ですか）との問いに、自分なら「薫風南より来たり、殿閣微涼《でんかくびりょう》を生ず」と答えると言い、大悟したとされる。全く作為がなく、無心のうちに無量の利益を遍《あまね》く及ぼす意味合いだろう。温暖化で薫風のありがたさも一入《ひとしお》だが、薫風は無理でもせめて団扇になりたい。

＊1063－1135年。中国、宋代の臨済宗の僧。夾山《きょうざん》の碧巌に住み、『碧巌録』を著した。

歩々清風を起こす

5月14日

歩

ホ・ブ
あるく・あゆむ

風がなくても歩けば風は起こる。習練を積んだ人の挙措《きょそ》は美しく、一歩あゆむごとに「歩々《ほほ》清風を起こす」とされる。むろん、心中に感情の渦や分別の穢れがなく、瞬間ごとに新たな世界が展けるからである。

自分の物差しで一々世界を測りつづける人は、近づくだけで蒸し暑い。逆に価値判断をやめ、すべてを受け容れる人はそのままで清風のようだ。涼しさと清らかさは目指さなければ近づけないが、忘れないと至れない。

とにかく進み、無常を生きる

流

リュウ・ル
ながれる・ながす

5月15日

4月22日に『方丈記』を取り上げたが、名文は何度読み返してもいい。その文を踏まえ、生物学者の福岡伸一氏は「生命とは『流れ』だ」と仰る。しかも「かつ消え」を「かつ結びて」より先に書いた鴨長明を讃える。分解が合成に先立つというのだ。

　エントロピー増大の法則*に抗う我々の「動的平衡」とは、積極的な諸行無常と言えるだろう。「百尺竿頭《ひゃくしゃくかんとう》、更に一歩を進む」。現状に安住せず、バランスを失っても一歩進むのだ。

*宇宙の大原則で、「秩序があるものは、その秩序が崩壊される方向にしか動かない」こと。

坐しては看る雲の起こる時

5月16日

看　カン　みる

「みる」と訓む漢字はたくさんある。見・省・相・視・観・診・監・覧など、みな見方が違う。「看」は、本来は目の上に手をかざしてじっくり見ること。

唐の詩人王維《おうい》*の詩の一部が禅語として用いられた。「行到水窮處、坐看雲起時」（行きては到る水の窮まる處、坐しては看る雲の起こる時）。フラリと水の源に到り、また腰を下ろして雲の起こるのをじっくり眺める。任運《にんぬん》騰騰《とうとう》、愚《ぐ》の如くそんな時を過ごしてみたい。

＊ 701年頃－761年。唐の詩人・画家。自然詩や山水画に長じ、南宋画の祖といわれている。

夏の君子

竹

竹　チク　たけ

5月17日

四君子といえば蘭（春）、竹（夏）、菊（秋）、梅（冬）。君子に求められる徳を具えた植物だが、竹はその節度と剛直さゆえだろうか。以前ある和尚に「唐傘を差して通れるのが竹林、ぶつかって通れないのは竹藪」だと聞いた。今も遅れて出る筍は、竹林保持のため、やっつけている。このあいだまで喜んで食べ、配り歩きもした筍なのに、節操がないだろうか。「君がため葉々《ようよう》清風を起こす」*。竹は我関せずとばかり清風で慰撫《いぶ》してくれる。

＊原典は南宋の禅僧、虚堂智愚《きょどうちぐ》語録『虚堂録』。修行仲間との別れを惜しむ歌である。

青山は不動の仏性

5月18日

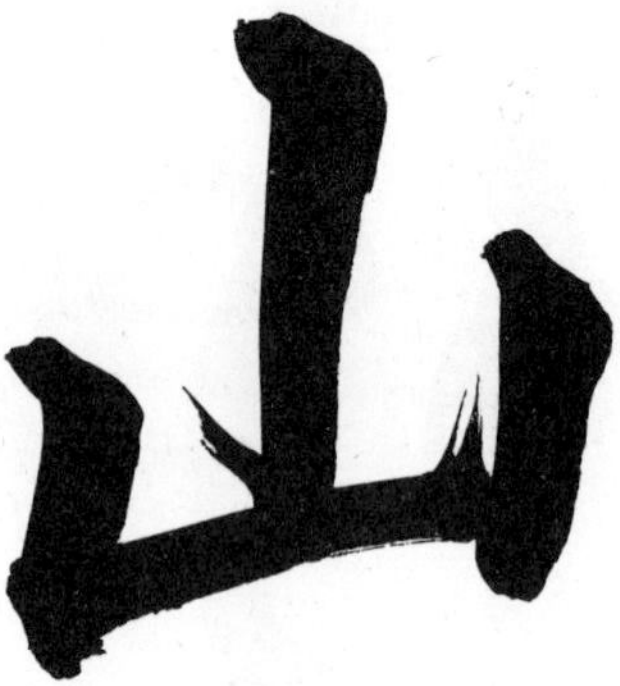

山
サン
やま

中国の山は造山運動による連山が多いため、象形文字「山」ができた。そして禅における山はゆるぎない常住不変の仏性の象徴であり、多くは「青山」と表現される。「青山《せいざん》元不動《もとうごかず》　白雲自ずから去来す（『景徳《けいとく》伝灯録《でんとうろく》』*）」は、不動の仏性を信じつつ絶え間なく生起する世塵《せじん》に対処しているさま。

　雲は時に山を隠すこともあるがいずれ霽《は》れる。不動の山が信じられれば心配ない。心配なのは山腹に増殖するソーラーパネルだ。

＊30巻からなる宋代の仏教書で、禅宗の正法を伝える法系を明らかにしたもの。

青山緑水《せいざんりょくすい》

青

青（青）
セイ・ショウ
あお・あおい

5月19日

この字、本来は「生」の下に「丹」と書いた。丹は硫黄を含む土石で青色の顔料が作られ、変色しないため聖性を感じさせる。

青山は昨日の不変の仏性以外にも、墓地あるいは死んでもいいと思える場所の意味で使われる。幕末の僧釈月性《しゃくげっしょう》*は「人間到る処青山あり」と詠った。種田山頭火の俳句「分け入っても分け入っても青い山」にも同様の意味合いを感じる。ともあれ、今は「青山緑水」、深々とした大自然を感じる季節である。

＊1817－1858年。夷論者として活躍し、幕末の志士たちに大きな影響を与えた。

桑から絹をつくるお蚕様

5月20日

二十一日頃から七十二候では「蚕起食桑（かいこおきてくわをはむ）」に入る。胸を起こし、一斉に桑の葉を食べるあの音は一度聞いたら忘れない。出来た絹糸も奇跡的に美しい。

養蚕は中国で殷代から行なわれ、日本には弥生時代に伝播。奈良時代には全国に広まり、明治になると外貨獲得の主要産業。皆「おかいこさま」と敬称をつけて呼んでいた。我が国の別名「扶《ふ》桑《そう》」とは、太陽がその根元から昇るとされた東海のご神木である。

桑
ソウ
くわ

五月雨をあつめて早し最上川（芭蕉）

青々とした山と、そこから流れ下る水。その水を田に引いて田植えも済んだが、そんな時に降り続く長雨が「さ乱れ（＝五月雨）」。農業の女神「さ」が乱れたのである。卯の花（空木《うつぎ》の花）がくたっと萎れるので「卯《う》の花《はな》腐《くた》し」とも言う。

「乱」という字は本来「紊《みだ》」れた糸を骨べらで解いて「おさめる」意味だが、誤って「みだれる」意味に用いられ、とうとう両方の意味を持ってしまった。まさに混乱である。

乱

ラン
みだれる・みだす

5月21日

鳥啼いて山更に幽なり

5月22日

鳥

チョウ
とり

完全な無響室では、逆に自身の血流など内部の音が賑やかになる。静けさは、むしろ外の音に意識を集中し、その音が止んだとき訪れる。「鳥啼いて山更に幽《しずか》なり」である。

ここで啼いた鳥は郭公だろうか杜鵑《ほととぎす》だろうか。両者とも五月頃に南方から渡ってくる。郭公のほうがやや大きく、色や模様も微妙に違うが、共に警戒心が強く姿は見せない。芭蕉は「ほとゝぎす消行方《きえゆくかた》や嶋《しま》一ツ＊」と、声と姿が一気に海へと遠ざかるさまを詠んだ。

＊松尾芭蕉の紀行文「笈《おい》の小文《こぶみ》」に収録された句で、嶋は淡路島を指す。

雲悠々

悠

ユウ

［外］はるか・とおい

5月23日

ポカンと浮かんだ雲を、はぐれ雲と言う。「雲悠々」といえば遠くに浮かぶそんな雲だ。

集団から離れ、ゆったり閑《しず》かな状態、つまりまさに悠々自適。もともと「悠」は、背中に水を掛けて禊《みそ》ぎし、心が清まった状態だから、これは本来的な意味である。

しかしいつしか「悠」には「憂える」「悲しむ」の意味が派生した。これは「はぐれ」た集団を懐かしむ気弱さのせいだろう。孤独さえ楽しむ気丈さが「悠々」には不可欠だ。

5月24日

行雲流水

雲

雲　ウン　くも

その昔、雲は龍の動いた跡とも見られ、また山の「岫《しゅう》」という洞穴から湧き出るとも思われた。しかしいずれにしても行く先は風任せ。無心の動きを妨げるものはない。

水もまた縁に従い、無礙《むげ》自在に滞りなく流れていく。こうして「行雲流水」の如く、自在に場所や形を変えつつ師を求めて行脚する様子から、禅の修行僧を「雲水」と呼んだ。そんな自由な時代が羨ましい。最近は行脚する修行者をほとんど見かけない。

5月25日

草枕の覚悟で旅をせよ

枕

枕

［外］チン・シン
まくら

『草枕』といえば夏目漱石の小説のタイトルだが、もともとは旅先で野宿する際の草を束ねた仮の枕のこと。旅や旅寝にかかる枕詞でもある。

昨日の「雲水」じゃなくとも、道を求める若者は寝場所など気にせず旅し、疲れれば一夜の宿を乞うたもの。しかし今はそんな振る舞いは暴挙とされ、警備会社に連絡されるだけ。なかには枕が変わると眠れない人さえいて、予約したホテルにマイ枕持参で向かう。

陽を受けるほど紅に

5月26日

紅
コウ・ク
べに・くれない

七十二候の「紅花栄《べにばなさかう》」に入った。紅花は陽光が強まるにつれ、陽を吸うように赤味を増す。紅色の染料や口紅にもなり、また乾燥させた紅花は「婦人薬」などの生薬としても用いられる。

藍は染料一般のことでもあり、中国の「呉の藍」が「くれない」に音転したという。紅花は弥生時代に伝来したと言われ、花だけを摘んだため『源氏物語』でも「末摘花《すえつむはな》」として登場。鼻（花）の紅い女性の綽名《あだな》になった。

日日《にちにち》是《これ》好日《こうにち》

好
コウ
このむ・すく

5月27日

照る日曇る日雨降る日、いろいろあるが皆「好日」である。そのくらいなら実感しているという人も、それならこれはどうか。「昨日は苦で、今日は楽」。どっちも「好日」と思えるだろうか？

起こってしまったことは仕方ない。中国語の「好（ハオ）」には善悪に関わらず「わかった」という意味がある。「ハオ」と受け容れて次に進むしかないではないか。やっぱりどんな日も「日日是好日」なのである。

骨盤の日

5月28日

骨

コツ
ほね

心を調えるにはまず体が整っている必要がある。体といえば、中心は腰である。単なる語呂合わせだが、(株)ファクトリージャパングループとやらが今日を「こ(5)つ(2)ば(8)ん」の記念日にしている。

せっかくだから、仙腸関節*などを緩めてはどうだろう。腹這いで両肘をつき、片脚ずつ膝を軸にして右回り左回りに三十回ずつ廻す。それだけで腰の痛みが消えるから不思議。腰痛の七割は仙腸関節が固まるせいらしい。

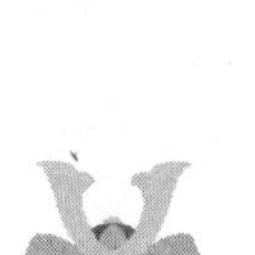

＊骨盤を構成する仙骨と腸骨の間にある関節で、骨盤を安定させる役割がある。

蒟蒻は愛の結晶

愛

アイ
[外]めでる・まな・いとしい

5月29日

バカバカしい語呂合わせをもう一つ。今日は「こ（5）んに（2）ゃく（9）」の日だと、日本こんにゃく協会が決めている。協会に義理はないが、蒟蒻は究極の精進料理。つまり、人間は動物を食べないだけでなく、彼らの食べ物を奪わずに生きるべき、との思想が行き着いた先が蒟蒻なのだ。

ナマの蒟蒻芋に手をつける動物はおらず、煮沸し、灰汁を混ぜないと食べられない。蒟蒻は手間暇かけた動物への愛の結晶だ。

万歳三唱

谺

カ

こだま・やまびこ

5月30日

五月は登山の季節と言えるかもしれない。苛酷なエベレスト登頂の多くは五月中だ。しかし前漢の武帝は正月に嵩山《すうざん》*に登り、天下泰平を祈った。すると民衆は皇帝の長寿（一万歳）を祈り、「万歳」と叫んだが、その声は山々に谺して三唱するように響いたらしい。

日本初の「万歳三唱」は明治二十二年、青山練兵場での臨時観兵式に向かう明治天皇に向けて発せられた。以前祝辞を「万歳！」の一声で済ませた老師がいて、格好よかった。

＊中国河南省登封市にある山岳群で、古代から山岳信仰の場で有名。

初夏の稔り、麦秋

麦

麦　バク　むぎ

5月31日

そろそろ麦が黄金色に稔《みの》る季節。七十二候では今日から「麦秋至（むぎのときいたる）」と言う。子供の頃お寺の裏に麦畑があり、槌の子で麦打ちを手伝った記憶がある。

芭蕉は「田や麦や中にも夏のほとゝぎす」と詠んだ。田圃ではすくすく早苗が成長し、畑でも麦が稔り、ほととぎすが夏の訪れを告げて鳴く。素晴らしい季節の到来である。この時期に降る雨を「麦雨《ばくう》」と言うが「麦水」はこれと関係なく、ビールの隠語だよ。

未来を憂えず、今を点検

6月1日

測　ソク　はかる

明治八年の今日、日本初の気象台である東京気象台が設置され、気象と地震の観測が始まった。最初の天気予報発令は九年後。「全国一般風の向きは定まりなし、天気は変り易し。但し雨天勝ち」というもの。この程度の予報ならてるてる坊主も作る気になる。

予報は進歩したのかもしれないが未来を知った気にさせる。相変わらず地震は予測できず、日本人を辛うじて謙虚に保っているか。怯えても仕方ない。防災用品を点検しよう。

6月2日

衣
イ
ころも

衣替えで気分一心

昨日は敬意を表して「潤」に譲ったが、本当は六月一日が衣替え。組織によっては違う日の場合もあるが、とにかくもう更衣《こうえ》しよう。
衣替えの習慣は中国の宮中から平安貴族が取り込み、江戸時代を通じて武士の間にも広まった。当時は年に四回だったが、明治になると洋装への変化に伴い、新暦の六月一日と十月一日の二回に定着していく。新年ほどではないにしても、私も気分一新、紗《しゃ》の衣に替え、あらためて夏に向かう。

泉声涼風を送る

6月3日

泉

セン
いずみ

「泉」は元々崖の下から流れ出る水を象った象形文字。流れ込んだのではなく、そこから湧き出しているのである。

禅語「泉声涼風《せんせいりょうふう》を送る」は、泉の湧き出る音が涼風を送ってくるというのだが、むろん実際には音が風を運ぶわけではない。人は単調な音はすぐに聞きやめるが、変化し続ける音にはつい聞き入る。そこに「涼」が生ずるのである。清らかさと同様、涼しさは有徳の人が図らずも与える奇特な贈与だ。

蟲供養

蟲（虫）　チュウ　むし

6月4日

「む（6）し（4）」の語呂合わせから今日を「虫の日」として「虫の住める街作り」を提唱したのは手塚治虫氏。3月9日にも書いたが、昆虫を意味するこの「虫」は本来は「蟲」と書く。

蟲好きの養老孟司先生は多年の殺生を省みて建長寺に「虫塚」を寄贈、毎年「虫（蟲）供養」をこの日に行なっている。私も一度講演を頼まれて参加したが、引き物は罪滅しを願うフマキラーの蟲除けスプレー他。

6月5日

芒種には「紫陽花」

芒

芒　ボウ
のぎ・けさき・すすき

今日あたりから十五日間が二十四節気の「芒種《ぼうしゅ》」。「芒」は「すすき」とも訓むが、この場合は「のぎ」。イネ科の植物の穂先にある針状の突起のことだ。昔の田植えは遅く、今頃だったため、「芒」のある植物の種を蒔く時節という意味でこの名がついた。

湿度が高くなるこの時期、各地の神社で豊作祈願の祭が催されるが、京菓子「紫陽花」なども楽しみだ。味覚だけでなく、視覚でも涼を誘う和菓子は世界に誇っていい。

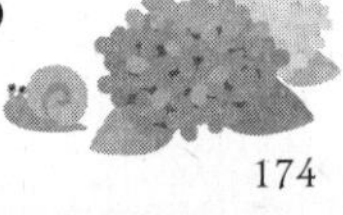

終わりなき道の始まり

稽

ケイ

[外]かんがえる・とどめる・とどこおる

6月6日

稽古事を始めるのは六歳の六月六日と、聞いたことがあるだろうか。じつはこれも昨日の「芒種」に絡んでいる。イネも稔《みの》るのだから、人も稔るに違いないとの思惑。ただ芒種は年によって少々ずれるが、「六」と定めたのは一種の戯《たわむ》れ。指折り数えると「六」で小指を立てるため、「子（小指）を立てるのは六」になる。稽古とは昔の道をかんがみ、繰り返して身につけること。終わりなき道へと親が導く。私の場合、読経か。

蟷螂の斧か、祈りか

6月7日

祈

キ
いのる

そろそろカマキリが現れる季節。七十二候では六月五日頃からの五日間が「蟷螂生（とうろうしょうず）」である。不思議なのはこの虫、「鎌切り」にしても「蟷螂の斧」にしても闘う姿勢と見られるのだが、英語ではpraying mantis*、つまり祈る姿と捉えたのだ。

東日本大震災の津波被災地には、両腕でカマキリのように顔を覆う死者が大勢いた。津波と闘う姿勢はそのまま祈りになり、私の「拝み虫」という小説はそこから生まれた。

＊英語の pray は「祈る」という意味で、mantis はギリシャ語で「預言者や占い師」を意味する。

紫　シ　むらさき

6月8日

紫陽花はアジサイじゃない？

梅雨時にはアジサイの花がよく似合う。しかしアジサイを紫陽花と書くのはどうやら平安時代の学者源順《みなもとのしたごう》*の勘違いのせいらしい。もともと唐の詩人白居易《はくきょい》がライラックを紫陽花と名づけ、これを源順が誤ってアジサイに当て、広まってしまったというのである。

和名の「アジサイ」の語源で有力なのは、「集真藍（あづさあい／あづさい）」が訛ったというもの。いずれにしても原種は日本に自生する額アジサイ。梅雨に涼を運ぶのは藍だ。

＊911－983年。平安時代中期の歌人・学者で三十六歌仙の一人。

逞しき樹上の蛙たち

6月9日

卵　ラン　たまご

「69」と書くと、なんとなく「卵」に似てないだろうか。「卵」は対生する卵の象形文字形らしいが、白川静先生は篆文《てんぶん》*の分析から、木の枝に付着する卵の象形と推測する。

　そういえばモリアオガエルの樹上の産卵が佳境を迎える頃だ。夜、池に張り出した枝に大きなメスが登ると、複数のオスが近づき、ペアができてメスが泡状の卵を産みはじめる。すると更に多くのオスが集まり、泡に自分の精子も混ぜる。蛙界では特に問題ない。

＊古代中国で使われた、隷書や楷書の元になった書体。紙幣の印鑑にも用いられている。

6月10日

湿

シツ
しめる・しめす

そろそろ入梅、青梅も美しい

「入梅」は雑節《ざっせつ》＊の一つで、太陽経度が八十度の時と定められている。しかし年による天候の違いが大きいため、現在は気象庁の判断に従っている。なぜ「梅雨」と呼ぶかについては、梅の実が稔る季節に降る雨という説と、湿気が多く黴が生えやすいため「黴雨《ばいう》」と呼び、それが同じ音の「梅雨」に変化したとの説がある。私は前者と信じる。

外出しないと決めれば梅雨は落ち着いた佳い時間である。湿度も皮膚には気持ちいい。

＊二十四節気以外に、季節の移り変わりを示す日本独特の目印のこと。

傘をぶつけぬ傘あしらい

6月11日

『鉄腕アトム』世代の私は、子供の頃に傘など差さない未来を想像したものだった。雨が降ればボタン一つでドームが立ち上がり、そのまま歩けるような……。浅はかさに恥じ入るばかりである。

「傘《からかさ》に押し分けみたる柳かな」（芭蕉）。

傘はなにも雨よけばかりじゃない。時には老の杖にもなる究極の利器だ。ただ、「核の傘」や「誰かの傘下」など、大きすぎる傘は不要。

傘

サン
かさ

同期する命

蛍

ケイ
ほたる

6月12日

以前、マレーシアに出かけたことがある。生物学上の「同期」が発見されたセランゴール川のホタルを見に行ったのである。夜、川岸のマングローブの花蜜《かみつ》に集まる蛍は無数と言っていい。その蛍たちが同じタイミングで光るため、闇の中に巨大な光の玉が現れ、消える。それを舟から見るのである。

心臓のペースメーカー細胞*と同じように、別な個体なのに同期する。まるで個々の蛍たちがインダラ網で繋がっているようだった。

＊右心房にある特殊な細胞が規則的な電気刺激を作りだすことから、「自然のペースメーカー」とも呼ばれる。

6月13日

〝小さな親切〟を勇気をもって

親

シン
おや・したしい・したしむ

昔、「小さな親切」という言葉を度々聞いた気がする。大抵は誰かが「大きなお世話」と野次を飛ばした。じつは一九六三年の今日、東大総長だった茅誠司《かやせいじ》*氏が中心になり、「小さな親切運動」本部が発足したのである。

きっかけは茅氏が東大の卒業生への告辞で「〝小さな親切〟を、勇気をもってしてほしい」と話したこと。今も続く息の長い運動だが、法律での規制を考えない麗しい性善説の時代が、この国にも確かにあったのである。

＊ 1898 − 1988 年。大正から昭和にかけて活躍した物理学者。第 17 代東京大学総長。

和・敬・清・寂

寂

ジャク・セキ
さび・さびしい・さびれる

6月14日

「和敬清寂《わけいせいじゃく》」は茶道の祖・村田珠光の創唱とされ、千利休の茶の精神を表す四つの規範（四規）である。禅の思想が背景にあり、茶禅一味《ちゃぜんいちみ》＊と言われるが、和にはじまり、敬が生まれ、世塵を忘れて清まり、やがて因果を超えた流れない時のなかで「寂」を体験する。

茶室に欠かせない香は湿度が高いほど沁み入る。躙《にじ》り口で社会的立場も捨てたから、そこは裸の人間同士の出逢いの場。「寂」とは名利《みょうり》に揺れない平安な境地である。

＊茶道と禅は入口は違っても、求める境地は同じであるという意味。

6月15日

一年しか生きない「年魚《ねんぎょ》」

鮎

デン・ネン
あゆ

この字を見て「なまず」と訓んだ人は、妙心寺塔頭退蔵院*の「瓢鮎図《ひょうねんず》」をご存じなのだろう。瓢箪で「なまず」を捕らえるという禅の公案が描かれたこの図のとおり、「鮎」は元々「なまず」なのだ。ところが「桜（3月26日）」と同じように、日本では「鮎」を「あゆ」に用いた。各地で鮎釣りが解禁され、胴長を穿いて川に佇む釣り人を見かける季節。

清流を好み、苔を食べて成長し、一年しか生きない鮎は、今や漢字共々日本の風物だ。

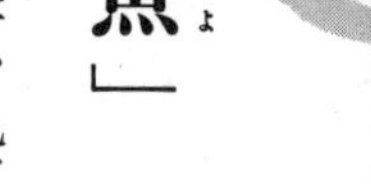

＊ 1404年創建の京都市右京区にある臨済宗妙心寺派の寺院で、初期水墨画の代表作・国宝「瓢鮎図」を所蔵。

祥

ショウ

［外］さいわい・さち・きざし

6月16日

祥

今日は和菓子を食べよう

平安時代に疫病退散を願い、六月十六日に十六個の菓子や餅を神に供えたのが「嘉祥《かじょう》の日」の起こり。これが江戸時代には菓子を食べる習慣に変わり、幕府では将軍が五百畳の大広間に二万個以上の菓子を並べたらしい。

明治には廃れたこの習慣を、昭和になって復活させたのが、ご推察どおり全国和菓子協会。「嘉祥菓子」として特別に売る店もある。逞しい商魂に呆れるのもいいが、開いた口に季節を折り込んだ和菓子を入れてみては？

梅の実黄ばむ

実
ジツ
み・みのる

6月17日

七十二候は中国から輸入されたが、十六日から始まる「梅子黄《うめのみきばむ》」は日本独自の候である。「梅干し」が平安時代から作られていたため、梅の取り時を示したのだ。

梅干しの酸っぱさの元はクエン酸。梅雨どきに増えやすい微生物を抑え、食中毒を予防するばかりか、便秘解消、乗り物酔いの軽減にも役立つ。かの北条早雲《ほうじょうそううん》＊は大徳寺で修行した経験を活かし、兵士全員に梅干しを持たせ、適宜眺めさせて闘志を奮い起こしたという。

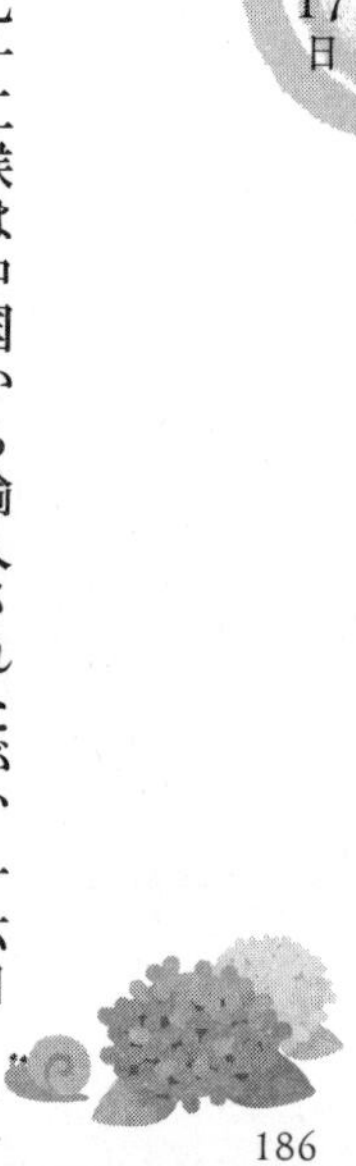

＊ 1450 年頃－ 1519 年。戦国時代に関東地方を支配していた北条氏の祖。鎌倉幕府の執権北条氏とは関係ない。

6月18日

父
フ
ちち

平時の「父」の存在意義

「母の日」は五月の第二日曜と誰でも知っているが、父の日が六月の第三日曜というのは案外知られていない。いや、知っていてもあまり取り沙汰されないのだろうか。

それはそうだろう。「母」は字の如く乳で直接育んだ存在だが、「父」は手に斧を持つ姿を意味し、防衛と指揮が責務だ。戦争や災害でもあれば存在感は高まるが、そうでなければ殆んどオマケ。今後は災害に備え、備蓄や避難経路チェックなどで存在感を示そう。

6月19日

和暦の始まりは「大化」

暦

レキ
こよみ

日本の元号を「和暦」と言うが、始まりは「大化」だ。蘇我氏を倒した中大兄皇子《なかのおおえのおうじ》による制定で、六四五年の六月十九日からだった。

すでに中国には独自の元号があり、それを使えば属国も同然、逆らうなら討伐の対象になりかねない状況のなか、どこの属国にもならず自分たちの国を築く意思を示すべく、「和暦」を始めたのである。当時この国は「和」と称し、やがて「大和」になる。「日本」になるのは七〇一年制定の大宝律令《たいほうりつりょう》*から。

＊天武天皇の命で制定された日本最初の法律。天皇中心の中央集権国家の礎となった。

文
ブン・モン
ふみ

文

言文一致の『浮雲』第一編刊行

6月20日

話し言葉には地域差が大きく、江戸幕府に集まった大名達は意思疎通ができなかったらしい。そこで「候文《そうろうぶん》＊」を公用語とし、御家《おいえ》流《りゅう》という書法も編みだされた。こうして話し言葉から乖離することで成立した書き言葉だが、遂に話し言葉で小説を書く人が現れた。

明治二十年六月二十日、二葉亭四迷《ふたばていしめい》が『浮雲』を発表したのである。当初坪内逍遙《つぼうちしょうよう》の本名を騙《かた》った自分を卑下し「くたばってしめぇ」と自嘲的に呟いたのが筆名の由来とか。

＊文末に丁寧語の「候」を使う文語体の文章。鎌倉時代に始まり江戸時代に確立され書簡や公用文に用いられる。

夏至には「キャンドルナイト」を

6月21日

至
シ
いたる

太陽が移動する天球*上の道を黄道《こうどう》というが、今日は北半球では最も北寄りの高い位置を動き、それゆえ昼の時間が最長になる。しかし日本では梅雨どきであることが多いため、日照時間が最長というわけではない。

ただせっかく昼が長いとされる日があるのだから、せめてこの日は電気を使わず過ごそう、というのがカナダ発の「キャンドルナイトの日」。ポーランドではこの日、人々が恋に落ちるというが、いつ落ちようと結構だ。

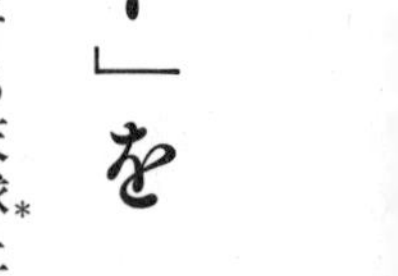

＊すべての天体がそこに投影されると考えられる半径無限大の仮想の球面のこと。

6月22日

悼
トウ
いたむ

悼

追悼は果てしなく続く

「悼む」とは悲しみがこみ上げ、心が動くこと。ハンセン病患者だった人々を想うと今でも哀悼・追悼の気持ちを禁じ得ない。二〇〇一年、国は「らい予防法」の過ちを正式に認め、小泉総理*が国会で陳謝。六月二十二日に「ハンセン病補償法」が公布・施行された。

ライ菌に冒された人々を隔離し、一切の自由を奪ってきたが、ライ菌の感染力は弱く、治る病気だったのである。厚労省は毎年この日に懺悔の追悼・慰霊行事をしている。

*小泉純一郎、1942年生まれ。第87・88・89代内閣総理大臣。

沖縄慰霊の日

6月23日

慰

イ

なぐさめる・なぐさむ

異論もあるところだが、今日が沖縄戦終結を記念し、「沖縄慰霊の日」とされている。沖縄本島に上陸した連合国軍との約八十日間の戦いで、約二十万人の尊い命が奪われ、文化財や自然が大破した。牛島司令官*が自決したのは確かにこの日だが、その後も天然の防空壕（ガマ）に逃げ込んだ人々の戦いは続き、連合国軍が戦闘終了を告げたのは七月二日、降伏調印式は九月七日だった。沖縄はその後も日本の防衛のため基地を提供している。

＊1887－1945年。牛島満《うしじまみつる》は日本陸軍の大将に昇進した最後の軍人。沖縄戦で第32軍を指揮し自決。

泉はこの国の宝

寶

寶（宝）

ホウ

たから

6月24日

湧き出る清水や泉がゆかしい季節。芭蕉がこんな句を詠んでいる。「結ぶより早歯《はやは》にひゞく泉かな」。結ぶは手に掬う意味。手に掬ったとたん、もう歯に響くほど冷たい泉だというのである。芭蕉が特に知覚過敏だったわけではあるまい。両手と口許から全身に涼しさが伝わってくる。さすが芭蕉である。

一九八五年選定の「昭和の名水百選」と二〇〇八年選定の「平成の名水百選」、宝の水を守ることは国土を守ることでもある。

6月25日

必ず豚を飼ったから「家」

家

カ・ケ
いえ・や

サグラダ・ファミリア、*グエル公園など世界遺産の設計士として知られるスペインのアントニー・ガウディ氏。彼の誕生日(一八五二年六月二十五日)に因み、全国建設労働組合総連合は今日を「住宅デー」としている。

当時は高度成長による住宅ブームで職人を巡るトラブルが多発。大工、左官など職人の腕と信用の回復を期待しての制定だ。ところで「家」の中には「豚」がいる。今や実情に合わせ中国ではウ冠に「人」に変わったが。

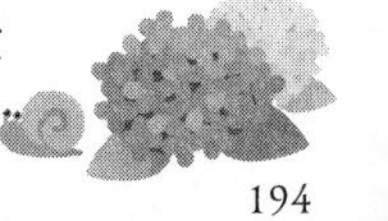

＊スペインのバルセロナのカトリック教会で正式名は聖家族贖罪教会。未完だが、2005年に世界文化遺産登録。

霊山に風かほる

薫

クン
かおる

6月26日

風薫る、と言えば五月が相場だが、六月にも薫る。またも芭蕉の句だが、これは六月末の作。「風かほるこしの白根を国の花」。「こし（越）の白根」は万葉以来の白山の呼び名。この国の精華とも言うべき白山に、心地よい南風が吹くのを愛でている。

白山は富士山、立山と共に日本三霊山とされ、富山県、石川県、福井県、岐阜県にまで裾野は跨がる。風水でも崑崙《こんろん》*に発した龍脈が朝鮮の白頭山から白山に至るとされた。

＊中国古代の伝説上の山で、中国の西方にあり、黄河の源とされる。

6月27日

倹約が生んだ「ちらし寿司」

本来は「儉」と書き、二人の人が祝詞を入れる器（𠙵《サイ》）を捧げて祈り、共につつしみ深くする形である。

江戸時代にはさまざまな倹約令が出されたが、備前藩主池田光政＊は「一汁一菜令」を出し、飯と汁以外に菜は一品のみと領民に命じた。すると逞しい人々、これはお菜ではなく飯だとばかり「ちらし寿司」を考案。倹約令の発令が一六八二年の今日なのだ。必要は発明の母、倹約は贅沢の父か。

儉（倹）

ケン

［外］つましい・つづまやか

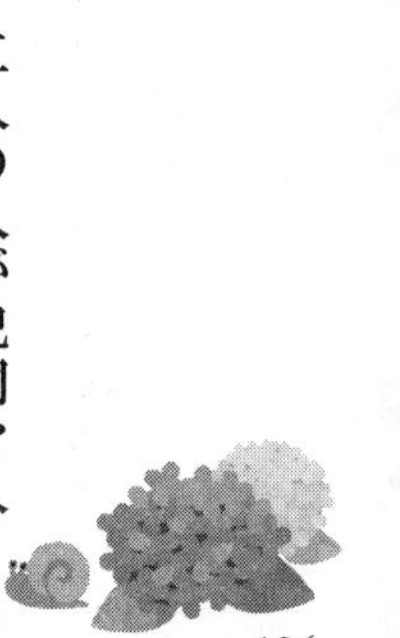

＊1609－1682年。江戸時代初期の岡山藩主。学問を盛んにし藩政改革にも力を入れ名君と言われた。

柳

リュウ
やなぎ

「柳に風」で涼やかに

やなぎには枝垂れる「柳」と枝垂れないカワヤナギ（「楊」）があり、楊柳観音《ようりゅうかんのん》*が携えるのは大抵「柳」。この観音は薬王観音とも言われ、衆病平癒を本願とする。「楊」には鎮痛効果があるらしく、歯痛の鎮痛に使われたのが爪楊枝の始まりらしい。

では「柳」はどうか。博多の仙厓さんは「気に入らぬ風もあろうに柳かな」と柳の絵の横に「堪忍」と大書した。どんな風も受け流して怒らない。平癒以上に効果的な予防か。

6月28日

＊三十三観音の１つで、病苦の救済が使命。右手に柳の枝を持つことが名前の由来。

アヤメ科は紛らわしい

6月29日

紛

フン
まぎれる・まぎらす・まぎらわす

二十四節気「夏至」の二番目が「菖蒲華」だが、これを「あやめはなさく」などと訓むから紛らわしい。これはアヤメでもカキツバタでもなく、じつはハナショウブなのだ。

文目《あやめ》は五月上旬から中旬に開花し、花弁の根元が網目状の模様。付根には黄色も入る。杜若《かきつばた》は五月中旬に開花し、花弁の根元に白い筋あり。花菖蒲だけはこの時期の開花で、花弁の根元に黄色い目の形の模様が入る。他にイチハツもあり、嗚呼アヤメ科は紛らわしい。

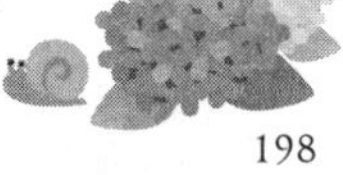

茅の輪くぐり

茅

茅

ボウ
かや・ち・ちがや

6月30日

今日は一年の折り返しの日。半年間に溜まった穢《けが》れや病を祓《はら》うための「夏越《なごし》の祓《はらえ》」が各神社で行なわれる。境内に作られた「茅《ち》の輪」の結界を作法に従ってくぐるのである。

茅の輪を用いるのは「蘇《そ》民将来《みんしょうらい》*」がスサノオ（武塔之神）をもてなした御礼の茅の輪に由来するが、もともとイザナギとイザナミが国創りに用いたのが「天沼矛《あめのぬぼこ》」。「矛《ほこ》」に草冠をつけた「茅」で原初に還るのか？　あるいは茅を草薙剣《くさなぎのつるぎ》に見立てたのか？

＊『豊後国風土記』に収められた説話の主人公の名前。その子孫を名乗る御札は疫病除けの護符となる。

半夏生には心機一転

7月1日

半

ハン
なかば

半夏生《はんげしょう》とは半夏という植物が生える頃のこと。半夏の和名は「烏柄杓《からすびしゃく》」でドクダミ科の多年草。漢方薬としての名が「半夏」で、この草が生える頃には麦の収穫も終え、田圃の仕事も一段落。心機一転の頃合いだ。

主に関西だが、この日には水蛸を食べたり餅を搗《つ》いて食べたりする。なぜ蛸を食べるのかと訊かれ、「イネの根が蛸足のようにしっかり生えるよう」などと誰かが答えたらしいがウソばっかり。この季節の蛸は旨いのだ。

甘柿より古い渋柿

澁（渋）

ジュウ

しぶ・しぶい・しぶる

7月2日

柿は東アジアの原産。今やアメリカやヨーロッパでも栽培されるが、その多くは甘柿。渋柿を干して保存食にするのは日本のほか中国、朝鮮、台湾やベトナムなど。日本では平安時代の『延喜式《えんぎしき》＊1』に祭礼用の菓子として記載され、鎌倉時代に登場した甘柿より古い。

柿渋は単独でも防腐剤や塗料として用いられ、雲水時代の網代笠にも何度も塗った。何故今日が「渋」なのか、なんと今日は「し（7）ぶ（2）の日」。柿多冨《かきたふ》＊2の制定だ。

＊1　平安中期に制定された律令時代の法典。
＊2　柿渋を製造・販売する企業。

7月3日

雲の湧きだす洞穴？

岫

シュウ

くき・いわあな・みね

陶淵明《とうえんめい》*の『帰去来辞《ききょらいのじ》』に「雲無心にして岫《しゅう》を出《い》で、鳥飛ぶに倦《う》んで還《かえ》るを知る」とある。「岫」とは雲がそこから出てくると思われていた洞穴《ほらあな》。今なら入道雲の出所か。確かに雲は何の思惑もなく湧き出し、風に流され、やがて跡形もなく消える。仰ぐべき無執着《むしゅうじゃく》と言えよう。鳥が塒《ねぐら》に還る理由は「飛ぶのに飽きて」かどうかは知らないが、陶淵明には雲も鳥も融通無碍《ゆうずうむげ》で自由に見えたのだろう。ともあれ雲を噴《ふ》く「岫」という発想が可愛い。

＊ 365 － 427 年。中国の東晋から宋の時代に活躍した詩人。

祖母の命日

離

リ

はなれる・はなす

7月4日

私が二十四歳の年、七月四日の未明に祖母が亡くなった。「出離《しゅつり》*」を感じたその日は朝から炎暑で、祖母と親しかった近所の人々に、私は汗を滲ませてその死を知らせて廻った。確か二軒目に向かう途中、ああ今日はアメリカの独立記念日だと、思った記憶がある。
以来アメリカと聞けば祖母を憶いだし、祖母を回想するとアメリカも憶いだす。意味もなく合体してしまった記憶は、アメリカのように分離独立できるのだろうか？

*仏語。迷いの境地を離れること。ここでは死のこと。

7月5日

獨坐大雄峰《どくざだいゆうほう》

獨（独）
ドク
ひとり

『碧巌録』第二十六則で、ある僧が百丈《ひゃくじょう》禅師*に問う。「如何なるか是れ奇特の事」。百丈和尚は「獨坐大雄峰」と答える。「この世で最も不思議で素晴らしいことは何ですか」「そりゃあワシがいま、こうして百丈山にドカッと坐っていることじゃろう」。

何でもいい。自分の「今」を成り立たせているものこそ奇特である。「獨」の「蜀」は牡の獣で、群れを離れて「ひとり」になりたがる。群れるも自然、獨もまた自然である。

＊720－814年。中国・唐の禅僧。江西省百丈山に禅院を建て、禅の生活規範（清規）を定めた。

暑
ショ
あつい

「小暑」の頃

7月6日

そろそろ二十四節気の十一番目「小暑」である。太陽の進路である黄道上の角度（太陽黄経）が百五度とされ、梅雨明けが近く、暑さが本格化する頃合い。しかし異常気象と言われる昨今、「梅雨入りなし」だって「梅雨明けなし」だって充分ありえる。

一応、小暑から立秋までが「暑中見舞い」の出し時だが、衣替えも含め、実情をよく観察して行動しないと「小愚《しょうぐ》」に見える。「大愚《だいぐ》*」は立派だが「小愚」はつまらない。

*大馬鹿の意だが、禅ではむしろ世間的な才知を否定する。良寛和尚の正式な僧名は大愚良寛である。

「七夕」という混淆文化

7月7日

七夕と書いて「たなばた（棚機）」と訓む。乙女が機を織って棚に供え、秋の豊作を祈り穢れを祓う「棚機」祭が起源とも言われるが、中国の星祭である彦星・織姫伝説の影響も確かにある。天の川を渡り、年に一度しか逢えない悲恋はやはりインパクトが強い。

ただ八月盆の地域は七夕も八月であることが多く、お盆のプレ行事としての側面も無視できない。笹を立て短冊を飾るのは戻ってくる先祖への目印。七夕は混淆文化の代表だ。

機　キ　はた

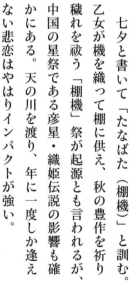

顔
ガン
かお

各地で朝顔市

顔

7月8日

これほど日本人に馴染んだ花もなかろう。奈良時代に中国から流入し、江戸時代には御徒町の下級武士が内職に栽培して普及させた。英語ではMorning gloryだが、中国ではなぜか牽牛花《けんぎゅうか》と呼ぶ。わし座の一等星の放射状の輝きに似ているということか。

朝顔と聞けばどうしても加賀千代女《かがのちよじょ》の句を憶いだす。「朝顔に釣瓶《つるべ》とられてもらひ水」。鈴木大拙はこの句を事事無礙法界《じじむげほっかい》*の発露として絶賛した。即、「もらひ水」なのがいい。

＊仏語。『華厳経』でいう四法界の１つで、様々な事柄は相互に結びつき融合するという考え方。

7月9日

滝も水割りも愛でてこそ

涼
リョウ
すずしい・すずむ

6月3日の「泉」も涼しい話だったが、今日は「滝」の涼しさ。日光には有名な「華厳の滝」の他に「裏見の滝」がある。そこで芭蕉が詠んだのがこの句。「うら見せて涼しき滝の心哉」。裏側まで見せて憚《はばか》らない滝の如き涼やかな心ばえを讃《たた》えているのだ。

どんなに立派でも意志的だと蒸し暑い。裏表のない自然さこそ「涼」の本質だろう。ただ元々この字は「酒に水を和した」水割りのこと。いずれも愛でてこその涼である。

この風は白か黒か？

白

ハク・ビャク

しろ・しら・しろい

7月10日

そろそろ梅雨明けの時節だが、むろん明けない年もある。しかしいずれにせよ南の亜熱帯から湿り気を含んだ温風が吹き、雷雲ができて雷雨や突風も発生しやすい。七月七日〜十一日頃は七十二候で「温風至《あつかぜいたる》」と言い、本格的な夏の始まりである。

この時期の南風は、梅雨が明けていれば「白南風《しらはえ》」と呼び、まだ梅雨ならば「黒南風《くろはえ》」と呼ぶ。「流木を焼く白南風の男たち」（鈴木鷹夫*）これは太陽と炎と汗でいかにも暑い。

＊ 1928 − 2013 年。俳人。主な句集に『渚通り』『風の祭』『春の門』など。

コンビニ街道どこまで？

7月11日

便　ベン・ビン　たより

便利、利便といえば、お通じがスムースなのかと思ったら、今は専ら「たやすくて都合がいい」意味に使う。戦後の日本がひたすら追い求めてきた価値観である。

一つの画期《かっき》は一九七四年五月、東京豊洲での「セブン・イレブン」の開店。当初の朝七時から夜十一時までの営業も今や二十四時間。「便」は元々人に鞭打って自由に都合よく使うことだが、鞭打たれる従業員には盆も正月もなくなり、老舗の専門店は廃れた。嗚呼。

恋の花から仏教の花へ

蓮

蓮
レン
はす・はちす

7月12日

今日から七十二候の「蓮《はす》始《はじめて》開《ひらく》」に入る。本来ハスは「荷」と書いたが、多くの詩で「恋」と音通の「蓮」と書かれて定着した。仏教は「蓮《れん》華《げ》の五徳*」と蓮を讃えるが、第一の徳は「汚《お》泥《でい》不《ふ》染《ぜん》」。汚泥の中に生えながら汚されない清らかさ、苦悩の世界での真の幸い（解脱）を象徴する。

蓮の花は早朝に開いて昼には閉じ、それを四日間続けて四日目は夕方まで開いて花弁を散らす。早朝の開花の瞬間を見てみたい。

*仏教での心のあり方を、蓮の花の５つの特徴に例えたもの。

今日は七月盆の入り

7月13日

盆
ボン
[外]はち

古代、日本人は旧暦の一月十五日と七月十五日、死者の魂を迎える「魂祭り」を行なっていたらしい。そこにたまたま「盂蘭盆会《うらぼんえ》」という中国由来の儀式が入ってきた。似かよってはいるが、戻ってくる先が片や月、片や極楽浄土であるため齟齬が生じた。

それでも日が一致していた「お盆」は速やかに定着し、江戸時代後期には現在の十三日から十六日まで拡張される。月遅れの八月盆が全国的には多いが、二割は七月盆。

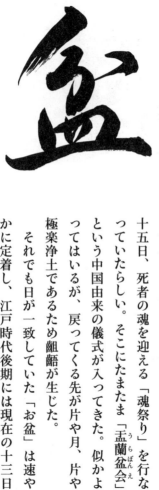

7月14日

革

カク
かわ

革

フランス各地で今日は花火

獣の「皮」をなめした「革」は、ナマの時とすっかり様子が変わるため、「革」は「あらためる」意味になった。「革命」とは国家や社会の組成を急激に変えること。市民革命の魁《さきがけ》であるフランス革命は、一七八九年の今日バスティーユ牢獄の襲撃で幕を開けた。

国王ルイ16世はフランス最後の絶対君主から最初の立憲君主になり、結局一七九三年に処刑された。方法はギロチン。国王自身苦痛を減らすため承認助言した新方法だった。

海の包容力も無限じゃない

7月15日

海　カイ　うみ

中国での盂蘭盆会の始まりは、水難事故者の供養だったらしい。中国の川は上流から肥沃な土が下流の沿岸に運ばれ、岸辺は格好の農地になる。そこに海からの逆流などで洪水が起こり、毎年のように死者が出たのだ。

　お供えの野菜や食物を川に流したのも、精霊流しの起源もそこにあるのだが、今や川や海に流すのは御法度。海も有限であることを自覚したのだろう。まずは微細化したプラスティックを何とかしなくてはなるまい。

お盆は博愛への挑戦

博

ハク・バク
[外]ひろい

7月16日

『仏説盂蘭盆経』によれば、お盆の始まりは我が子目連尊者《もくれんそんじゃ》＊を依怙贔屓《えこひいき》した母親が物惜しみの落ちる餓鬼道地獄に落ちていたため、その救済を目指す供養である。

配偶者、母校、故郷など、我々はそれを依怙贔屓することでむしろ安寧を保つ。社会に生きる以上、依怙贔屓は避けられない。しかし期間限定なら、あらゆる命に平等に振る舞えるのではないか。博愛も可能ではないか。それこそ虫も殺さぬお盆の主旨だ。

＊釈迦十大弟子の一人。生没年不詳。優れた神通力の使い手として「神通第一」と称された。

7月17日

鷹の幼鳥、飛ぶことを学ぶ

東京には三鷹があり、私の住む町にも鷹巣という地名がある。鷹がいることがなぜ地名にするほど自慢なのか、というと、鷹の羽が矢作りに不可欠だったからである。鎌倉、室町時代には重要な輸出品でもあった。

今日から七十二候の「鷹乃学習（たかすなわちわざをならう）」。幼鳥が飛ぶことを学ぶのだ。大名はこぞって鷹狩りをした。鷹は鼠も鼬《いたち》も捕まえるが、大名の究極の狙いは寿命を延ばすと信じられた鶴だったらしい。

鷹

ヨウ・オウ
たか

露堂々

露　ロ・ロウ　つゆ

7月18日

ツユクサも咲く季節だが、これは「つゆ」ではなく「ろ」「どうどう」と訓む。「露」は「包み隠すことなくあらわれる」意味。何が？　すべてが、である。

ならばなぜ見えないのか？　それはあなたがそれを探していないからだ。人は探しているものしか見ないのである。一方、なにも探していない状態を「無事」と言い、無事になると不思議にもすべてがそのまま見えてくる。なるほど隠されてはいないと判るのである。

夕涼みという仕合わせ

7月19日

夕

セキ
ゆう

クーラーのない時代、日が翳る夕方の訪れは仕合わせなひとときだった。「夕涼み庭一巡りして終る」（高木晴子[*1]）。控えめな女子の夕涼みに対し、男は「夕涼みよくぞ男に生まれけり」などと嘯《うそぶ》きつつ浴衣の両脚を広げ、生ビールなど呷っているに違いない。

「贅沢な人の涼みや柳橋」（正岡子規）。そんな人も確かにいるだろうが、「此の松にかへす風あり庭涼み」（其角[*2]）。これこそ自足の境地。当時は生ビールも当然まだない。

＊1　高浜虚子の娘。
＊2　宝井其角のこと。江戸時代前期の俳諧師。

扇子と団扇

扇

セン
おうぎ

7月20日

この季節、やはり風がほしい。風がなければ扇子でも団扇《うちわ》でも扇《あお》ぎたい。誰もがそう思う人の集う場所で、なかには自分を扇がず他人を扇ぐ人がいる。「団扇もてあふがん人のうしろむき」（芭蕉）。扇ぐと仰ぐを掛け、讃《さん》仰《ごう》すべき人を後ろから扇いでいるのだ。

あるいは独りの夕涼みでも、団扇は役立つ。しかし涼んだあと、扇子はたためるが団扇はたためないのが残念で可愛らしい。「たたむには団扇残りて夕涼」（加賀千代女*）。

＊ 1703 − 1775年。江戸時代中期の女流俳人。52歳で剃髪出家したことから千代尼《ちよに》とも呼ばれる。

玉川上水開通

7月21日

玉
ギョク
たま

承応三（一六五四）年の夏、多摩川の水を江戸市中に引き込む「玉川上水」*が全四十三キロで開通した。当時人口が増え、飲料水不足が深刻だった江戸は、幕府が国家プロジェクトとして推進したこの事業で発展の礎を築く。新田開発が進んだのも水あればこそ。

テムズ川やセーヌ川は下水で臭かったらしいが、お陰で江戸では舟遊びができた。工事を成功させた庄右衛門、清右衛門兄弟はこの功績で玉川姓を許され、玉川兄弟に。

＊承応２（1653）年４月４日に着工し11月15日に、羽村取水口から四谷大木戸まで水路が完成している。

天は暑く、天麩羅も熱い

天
テン
あめ・あま

7月22日

今日は二十四節気の「大暑《たいしょ》」。快晴が続き、日に日に気温が上昇する頃合いである。太陽黄経は百二十度。入道雲も煌《きら》めいて見える。そしてなぜか毎年大暑に「天麩羅の日」が設定されている。魚介類や野菜の天麩羅が夏バテ予防にいいと業界は言うのだが……。

ここは文句を言わず、食べてみるにかぎる。そういえば穴子が出まわる季節か。天麩羅は今や日本料理の代表だが、元は長崎着の南蛮料理で「テンポーラ」はポルトガル語。

雪をかほらす南谷

7月23日

香

コウ・キョウ
か・かおり・かおる

こんな季節に雪とは驚くかもしれないが、出羽三山には夏にも雪が残る。先達さんに率いられ、私も羽黒山、月山、湯殿山と経巡《へめぐ》ったが、ここはやはり芭蕉の句で紹介しよう。「有難や雪をかほらす南谷」。芭蕉は奥の細道の旅で、羽黒山中腹にある南谷別院に泊まった。そこに残雪をかほらせて心地よい風が吹いていたのである。有難き白いお山の姿。健康な方には是非出羽三山の踏破を勧めたい。そして〝雪の香り〟を確かめてほしい。

子供が主役の「地蔵盆」

地

地

チ・ジ
［外］つち・ところ

7月24日

七月盆の地域では今日が地蔵盆である。地域によっては大人たちがお地蔵さまに花やお菓子を供え、子供たちがそのお菓子をいただく習慣もある。元はイランの地母神とも言われるが、今や日本に欠かせない子供の守り神。大地の生産性をはじめ心の生産性まで信じて見守ってくださる。

三途の河原では鬼に立ちはだかる存在だが、決して鬼を退治したりはしない。どうやら鬼も必要だとお思いのようだ。

7月25日

行きては到る水の窮まる處

源

ゲン
みなもと

　王維の晩年の詩の一節に「行きては到る水の窮まる處、坐しては看る雲の起こる時」がある。望んで南山のほとりに家を建て、興に乗って歩きまわるが、面白いのは水の源を尋ね、また腰をおろして雲の湧き起こるのを看ることだという。自然と同化するのだろう。

　そういえば先日、ＴＶで黄河の源流を尋ねる旅を視た。日本の川の源はほんの小さな泉だったりするが、驚くなかれ、黄河上流には巨大な湖と湿原が広がっていたのである。

蚊は悩みのタネ

蚊

か　［外］ブン

7月26日

蚊は「ラ」の音で近づいてくる。時報の初めの三音と同じ四四〇ヘルツである。人を刺すのはメスだけで、出産のためどうしても人間の血が必要らしいが、御礼に吐き出す液体がかゆみの素。あっ……。「すばらしい乳房だ蚊が居る」（尾崎放哉《ほうさい》＊）。あの豊満な胸だけなら、きっと目を離す。しかし蚊が止まったために目が離せないのだ。蚊の腹部が次第に膨らみ、赤味を帯びてくる。誤解だ、私は蚊を見ているのだ。冤罪だ。放哉のせいだ。

＊ 1885 − 1926 年。鳥取県生まれ。種田山頭火と並ぶ自由律俳句の雄。

「瓜二つ」になるな

7月27日

瓜　カ　うり

夏は瓜の季節だ。胡瓜《きゅうり》、西瓜《すいか》、南瓜《かぼちゃ》、黄旨瓜《メロン》、糸瓜《へちま》、隼人瓜《はやとうり》など瓜だらけである。そっくりで見分けがつかないことを「瓜二つ」と言うが、真桑瓜*を二分すると区別がつきにくかったせいだ。コピペに比べれば可愛いもの。

またしても芭蕉翁の句で恐縮だが、芭蕉は熱心な入門者に向けこんな句を詠んだ。「我に似な二ツにわれし真桑瓜」。自分と同じように俳句専門にするのではなく、生業に励みつつ俳諧も嗜めというのだ。さすが翁。

＊ウリ科の植物でメロンの一種。産地の岐阜県の真桑村（現在の本巣市）に由来する。

鳳凰は桐だけに止まる

桐

桐

ドウ・トウ
きり

7月28日

概ね七月二十二日から二十七日頃までが七十二候では「桐始結花（きりはじめてはなをむすぶ）」。しかし実際は五月に薄紫の花を開き、この季節に結ぶのは固い緑色の実である。

木偏に「同」と書くのは吸湿性が小さく、火や水に囲まれても内部を同じに保つから。金庫の内部や箪笥に用いられる所以である。他に下駄や琴の材料にもなり、会津地方では娘が生まれると桐を植え、嫁ぐ時に箪笥を作って持たせた。五百円硬貨の表は桐の花。

大吉日

吉　キチ・キツ
［外］よい

7月29日

　二十四節気を元に算出され、風水にも各種占いにも抵触しない大吉日が年に数日だけあり、今日がその一日らしい。禅的には毎日が「日日是好日」だが、なかでも最上の吉日（天赦日《てんしゃび》＝天が万物の罪を赦す日）だというのだから、この際そういう日にしたいものだ。

　新しい習い事を始める、思い切ってプロポーズする、財布を新調するなど、何をしてもいいが、この幸運の日を「仲直り」に使ってみてはどうだろう。仲良きことは美しき哉。

7月30日

核
カク
［外］さね

核

中に天神寝てござる

6月17日に梅の取りどきを示したが、そろそろ今年の梅干しの味見ができる頃だ。ところで「梅は食うとも核《さね》食うな中に天神寝てござる」という諺はご存じだろうか。

儒教が好む梅はその核の中身を「仁」と呼ぶ。しかも菅原道真が梅干し好きだったらしく、「仁」は「神さま」「天神さま」とも呼ばれるようになった。じつはこれ、「仁」に多く含まれる青酸系の毒に注意を促しているそうだ。確かに旨いが、食べ過ぎるまい。

7月31日

ゲリラ豪雨のご準備を！

溽　ジョク
むしあつい

こんな文字、見たことないと仰るかもしれないが、一字で「むしあつし」と訓む。七十二候では、「土潤溽暑（つちうるおうてむしあつし）」と言い、更に「暑」が加わる。

梅雨明け後の炎暑で、ゲリラ豪雨も多発。川の氾濫や排水溝の吹きだしにも要注意だ。うちの寺では、ここ十年余り大地の吸水力や通気性を取り戻すため、U字溝に穴を開け、各所に水脈を取り戻す工事を施してきた。どんな豪雨でも土砂崩れだけは防ぎたい。

やがて死ぬけしきは見えず

蝉

蝉

セン・ゼン

せみ・うつくしい・つづく

　子供たちが喜ぶカブトムシや蝉はこの季節独特の昆虫。芭蕉は山形の山寺（立石寺）で「閑《しずか》さや岩にしみ入《いる》蝉の声」と詠み、賑やかな静寂を示したが、翌年には「無常迅速」と前書きして「頓《やが》て死ぬけしきは見えず蝉の声」を詠んでいる。

　最期まで句の推敲に励んだ芭蕉は、死ぬまで元気に啼いてパタリと往く蝉を理想と考えたのだろう。「単」の「ツ」は本来羽飾り。中国には蝉の羽で飾った冠があった。

「枝豆」は黄緑色野菜

8月2日

この季節の夕方にはとりあえずビールと枝豆が欲しい。枝豆は、未成熟の大豆を枝ごと収穫し、ゆでて食べるのだが、現在では枝豆専用種があるらしい。

奈良・平安時代から現在の形で食べられ、日蓮などは寄進を受けた礼状に「枝大豆」をあげている。また江戸時代の路上には夏に枝豆売りが現れ、今でいえばファストフードよろしく食べ歩いた。次の注文を考えながら、とりあえずナマ、もう一杯。

豆　トウ・ズ　まめ

時

ジ
とき

大雨時々に降る

時

8月3日

今日からの五日間は七十二候「大雨時行（たいうときどきにふる）」である。最近の雨は夕立や雷雨、台風ばかりか線状降水帯やゲリラ豪雨などもあって油断できない。

元々日本は世界平均の二倍ほどの降水量。「遣《や》らずの雨」と侮って川辺の友人宅で飲んでいたら、アッという間に畳の上に水が溢れ、コンセントも沈み、電灯も消えた。闇の中で水に浸りながら友人が子供たちに「夏休みの友*、流しちゃえ」と言ったのが忘れられない。

＊福島県内の多くの学校で採用されていた宿題用の冊子のこと。

古代中国で発祥

箸

箸

［外］チョ

はし

8月4日

語呂合わせだが、今日は「箸（8・4）の日」。本来は民俗学者の提唱らしいが、藤本商會本店*が記念日に登録している。

神へのお供えの際、西洋では手で直接供えることを鄭重《ていちょう》と見做し、日本人はそれは失礼と感じたらしい。そのことが人と人との距離にも関係するのだろう。日本では人との間に扇子を置くのも同様の礼儀。

世界の箸人口は三割、ナイフ・フォークが四割、手が三割。割り箸は日本の発明だ。

＊割箸の製造・販売の同店が制定し、2014年に一般社団法人「日本記念日協会」により認定・登録された。

自己証明の遊び

印
イン
しるし

8月5日

面倒なハン（8）コ（5）無用論が広まり、役所の書類の多くはハンコ無用になった。しかしその動きがそれ以上広がらないのはハンコを落款*として楽しむ文化のせいだろう。
真贋を見分けるだけなら指紋が一番だが、落款は一種類じゃないからこそ楽しい。自他共に自己の幅とご縁を楽しんでいるのではないか。マイナンバーカードは大量に偽造され問題になっているが、あんなものに自己証明を任せるのは明らかに文化の劣化である。

*書画の完成時に、作者が署名や押印すること。またはその署名や印のこと。

広島に原爆投下

8月6日

爆

バク

[外]はぜる・さける

アメリカのトルーマン元大統領は真珠湾攻撃への復讐を公言していたらしい。バーンズ元国務長官もやはり強行派で、二人の合意で遂に無警告で広島に大量殺戮兵器である原子爆弾が投下された。五月にはイギリスが、使用前に警告すべきと要望していたのだが……。

アメリカ政府の公式見解は、日本本土への上陸作戦を回避し、戦争を早期終結に導くには必要な措置だったというもの。しかしその爪痕は被爆者の子孫にまで及んでいる。

秋
シュウ
あき

秋立ちぬ

秋

8月7日

毎年この日に「お施餓鬼《せがき》」があるため慌ただしいが、立秋の日は不思議なほど毎年秋風を感じる。待ち望むからだろうか。

これまた蕪村の秀逸な句。「秋立つや素湯《さゆ》香《かんば》しき施薬院《せやくいん》」。素湯は白湯のこと。五行での秋の色を配し、施薬院という慈悲の施設の一杯の白湯から清々しい秋の気配が広がる。

八月盆の地域ではお墓掃除の頃合いだ。先祖を遡ればみんな繋がっている。「袖すり合うも多生の縁」。今日は優しく過ごしたい。

風鈴の一つ鳴りたる涼しさよ

8月8日

鈴　レイ・リン　すず

二十四節気「立秋」の初候は「涼風《すずかぜ》至《いたる》」。昼間は相変わらず暑いが朝夕には秋の気配を感じる。また昼の熱風も涼しげに感じさせるのが「風鈴」である。

「風鈴や花にはつらき風ながら」（蕪村）。花が散ってしまわないか心配なほどの風。またこちらはもっと幽《かす》かだ。「風鈴の一つ鳴りたる涼しさよ」（高浜虚子）。「風鈴のほのかにすずし竹の奥」（正岡子規）。風そのものではなく、音やその彼方に涼しさを探している。

二度目はプルトニウム弾、長崎へ

当初原爆の投下目標筆頭は京都だった。議論の末京都が外され、代わりに浮上したのが長崎。小倉や新潟のほうが優先順位は高かったが、当日曇天のため長崎に変更された。

ただ原爆は日本でも作られつつあった。一九四〇年、仁科芳雄等の核分裂や臨界事故に関する論文がイギリスの『ネイチャー』誌に掲載され、四十一年には陸軍が理研に原爆の開発を依頼。福島県石川町でウランが採掘されていた。遅れをとっただけとも言える。

再

サイ・サ
ふたたび

8月9日

今日は「道の日」

道
ドウ・トウ
みち

風のない炎天、遠くのアスファルトの路面に水が見え、近づくと遠のき、まるで水が逃げるように見える。「逃げ水」また「地鏡《じかがみ》」*と言う。「逃げ水の果てに補陀落ありにけり」（角川春樹）。確かにそんな気になる。

今日は「道の日」らしい。大正九年の今日、近代的な道路整備計画が決定されたからという。ところで道の反対語はご存じだろうか。答えは路地。行き止まるのが路地で、果てしなく続くのが道である。

＊アスファルトなどで舗装された地面が強く熱せられた時に見える蜃気楼の一種。

東は辛子、西は黒蜜を添える？

心

心

シン

こころ

8月11日

ところてん（心太）はよく噛んで食べてはいけない。あれは呑むのである。蕪村が豪快な句を残している。「ところてん逆しまに銀河三千尺」。李白が滝を銀河に喩えたのを踏まえ、銀河の冷涼が一気に喉元に入る。

茎の太いテングサ（天草）の煮汁を冷やして凝《こご》らせ、「天突き」という専用の道具で作る。飛鳥時代に中国から流入した精進料理で、「凝る」は「心」の特徴でもあるから「心太」となった。食べると心が太くなればいい。

8月12日

世界ゾウの日

象

ショウ・ゾウ
［外］かたち・かたどる

お盆直前でゾウどころではないのだが、仏教徒としてゾウは無視できない。慈善保護団体が、今も続く象牙目的の密漁やこれ以上の生存環境悪化を避けたいと記念日にした。

ブッダの母マーヤは、白ゾウの夢を見てブッダを妊《みごも》った。優しくて力持ちのゾウはインドで最も崇《あが》められる動物。彼らは仲間の死んだ場所に、近くを通ると立ち寄るらしい。ただバナナを木ごと食べる食欲を満たすのは容易でない。野生に動物園の据え膳はない。

迎え火はできればお墓で

お盆は死者たちがこの世を懐かしみ、戻ってくるのを迎える行事である。仏壇とは別に「盆棚」と呼ばれる特設舞台を設《しつら》え、そこに洗米や山海の珍味を供える。また地域差はあるが、大抵は胡瓜におがらや箸を刺して馬に見立て、茄子は牛に見立てる。7月13日でも書いたが、まるで牛車に乗って月へ帰るかぐや姫のイメージである。

盆棚には全ての位牌を祀《まつ》り、近ければお墓で迎え火を焚き、提灯で持ち帰って盆棚へ。

迎

ゲイ
むかえる

8月13日

盆棚はあの世への架け橋

8月14日

棚

[外]ホウ
たな

棚とは元々、崖に沿って張り出して作られた木製の道、つまり架け橋である。この世とあの世の架け橋が盆棚なのだろう。

主人公は最近亡くなった仏さまではなく、「有《う》縁《えん》無《む》縁《えん》三界《さんがい》萬《ばん》霊《れい》等[*1]」。先祖の数は代々遡るほど増え、N代前の先祖は二のN乗人、二十代前は百万人[*2]を超える。例えば曾祖父母は誰にとっても四組の夫婦だが、四箇所のお墓を知っている人はまずいない。有縁だが無縁にされ、省みられていないのだ。

＊1　動物も含めたあらゆる死者の霊魂のこと。
＊2　20代前の先祖の数は、104万8576人。

地獄の釜の蓋を開けよう

8月15日

釜

［外］フ　かま

お盆には地獄の釜の蓋も開く、と言う。普段は社会の安寧のために封じ込めている命たち、たとえば蚊やダニ、ノミやゴキブリなども、お盆中ばかりは殺生せず、対等の命として扱うという意味だ。当然、前項の「有縁無縁三界萬霊」にはそれらも含まれる。

そうした期間限定の博愛もお盆の主旨ではあるが、それならこの際嫌いな人の幸いを祈ってみてはどうだろう。「慈悲の瞑想」である。勇気がなければ博愛は叶わない。

送り火で御霊《みたま》を送る

8月16日

送
ソウ
おくる

地域によって十五日の晩や十七日朝などに分かれるが、迎えた魂を今度は送りだす。おがらや経木塔婆などを庭先で燃やすのである。送り火は「大文字」にもなり、「精霊流し」にもなった。また各地で盆踊りが催されるが、あれもじつはお盆の仏教行事である。

よく新盆のお宅に「踊っていいか」と訊かれるのだが、「こんなに元気にしてるから心配しないで」と送りだすための踊りなので、新盆のお宅こそ元気に踊っていただきたい。

歴代最高気温の日

炎

炎
エン
ほのお

8月17日

お盆は終わったが炎暑は終わらない。現在国内の最高気温記録の一位は静岡県浜松市と埼玉県熊谷市の四一・一度。浜松の記録が出たのが二〇二〇年の今日だった（ちなみに熊谷は二〇一八年の七月二十三日）。

温暖化の影響はどんどん強まり、この本が出る頃にはきっと更新されているだろう。奈良時代から平安時代に遷《うつ》るような、気温の変化に伴う大きな社会変革が必要ではないか。戦争にお金を使ってる場合じゃない。

蜩《ひぐらし》鳴いて腹減りぬ

8月18日

蜩
チョウ
せみ・ひぐらし

炎暑は続くが夕方になると蜩も鳴きはじめる。昨日までの五日間が七十二候の「寒蝉《ひぐらし》鳴《なく》」である。涼しげな鳴き声は、蝉のなかでも唯一秋を感じさせる。

「ひぐらしが鳴いてゐるよと心太《ところてん》」（細見綾子）「蜩に湯加減すこし熱きかな」（上田五千石《ごせんごく》）。心太を誰かと食べながら、あるいは夕食前の風呂に入りながら聞く蜩は幸せを増長する。しかし「妻ゐねば蜩鳴いて腹減りぬ」（加藤楸邨《しゅうそん》＊）となるとかなりうら寂しい。

＊1905－1993年。東京生まれの俳人。旧制東京文理科大学卒。水原秋桜子《しゅうおうし》に師事。

俳句の俳は「たわむれ」

俳

ハイ

[外]わざおぎ・たわむれ

8月19日

今日は語呂合わせで「俳句（八一九）の日」そして「バイクの日」だ。バイクも好きだがここではやはり俳句を優先しよう。

俳句という言葉は意外に新しく、大正時代の正岡子規の発案という。定義はさまざまで統一されないが、俳諧の連歌の発句十七音を独立させ、人生を流し込んだものと私は理解している。現在のブームは夏井いつき氏に依るところ大だが、芭蕉の到達した禅的「軽み」に私はどうしても惹かれる。

蚊はマラリアの媒介者

8月20日

麻
マ　あさ

蚊は7月26日にも登場したが、今日は「蚊の日」なのだ。一八九七（明治三十）年、イギリスの医学者・細菌学者のロナルド・ロス博士が、蚊の胃の中からマラリア（麻刺利亜）の原虫を発見した。つまり媒介者の証拠。

ヒトを最も多く殺しているのは災害より事件より何より蚊だ。マラリア、デング熱、ウェストナイル熱他多数で、私が中三の時罹った日本脳炎*も小型赤家蚊が媒介する。お盆も終わったし、水の残る花竹を片付けねば。

＊蚊を介して日本脳炎ウイルスにより発生する感染症で、重篤な急性脳炎を起こす。

霧
ム
きり

8月21日

霧

お茶は多湿と朝夕の霧を好む

立秋の末候は「蒙霧升降（ふかききりまとう）」（十八～二十二日頃）。霧は水蒸気の多い温かい空気が、朝晩の冷たい気流や水面に接して発生する。4月27日には「霞」を取り上げたが、霧と霞はお萩と牡丹餅《ぼたもち》の関係。秋は霧、春は霞と呼ぶだけで同じ現象である。

和語としての「きり」は「さえぎり」に由来し、視界を遮る。交通には不都合だが、お茶の産地は「霧の蘇州」をはじめ、宇治も狭山も静岡も霧島も皆霧が出やすい土地だ。

夜はやっぱり恐ろしい

8月22日

夜

夜
ヤ
よ・よる

夜風に混じる冷気のせいか、あるいはお盆が終わり、従兄弟たちが帰ってしまったせいか、子供時代の私はなぜかこの時期の夜、感傷的な気分になった。

家出して新潟や北海道に行ったのもこの時期。もっと小さいときに「死んだらどうなるの？」と泣いて両親に尋ねたのも確かこの時期だ。ギリシャ神話の「死の女神」ヘカテーは、月と夜、幽霊や暗闇、出産も司る。夜はいつも「それが何になるの？」と訊くのだ。

遊

ユウ・ユ

あそぶ

遊行の捨《すて》聖《ひじり》、浄土へ

8月23日

ブッダは三十五歳で成道《じょうどう》後、基本的には遊《ゆ》行《ぎょう》の一生を送った。雨期には請われて各地で安居したものの、乾期にはまた旅に出た。日本の仏教者では、一遍上人《いっぺんしょうにん》*が唯一人「遊行」にこだわった。しかもブッダと同じ三十五歳から遊行しはじめ、四十歳で信濃を訪れた時から「踊り念仏」を始める。念仏札を二十五万人に配り、時衆と呼ばれる同朋を引き連れて旅を続け、摂津（兵庫県）の観音堂で満五十年の生涯を終えた。過踊死。今日が命日だ。

＊1239－1289年。鎌倉時代の僧侶。1宗祖で、全国に念仏を流布させた。

酒はしづかに飲むべかりけり

8月24日

酒
シュ
さけ・さか

今日は歌人若山牧水*の誕生日。「愛酒の日」らしい。酒をこよなく愛した牧水の代表作は夙《つと》に知られる。「白玉の歯にしみとほる秋の夜の酒はしづかに飲むべかりけり」。飲みながらこの歌を呟く人も時々いる。牧水は毎晩一升呑んだらしいが真似しないほうがいい。

静かな夜に聞こえるのはコオロギか……。もう一首紹介しよう。「ちんちろり男ばかりの酒の夜をあれちんちろり鳴きいづるかな」。これは松虫の鳴き声で、博打ではない。

＊1885－1928年。宮崎県出身。本名は繁《しげる》。

容顔無礼な雨後の萩

萩

シュウ　はぎ

8月25日

旧暦七月の花札は「萩に猪」だが、戦いの神の使いである猪は萩を寝床に眠ると信じられた。颱風で萩の枝が倒れ、可憐な花の下に思いがけず逞しい枝が見え隠れる。芭蕉はそんな光景を詠んだ。「寝たる萩や容顔無礼花の顔」。萩の花を擬人化し、可愛らしい顔の女性が寝乱れ、脛《はぎ》を見せる姿に「容顔無礼」と少しだけ怒っている。成語「容顔美麗」を無礼に換えてにんまり芭蕉は笑う。こういう句も詠む芭蕉って、やっぱりいいなぁ。

富士吉田の奇祭

8月26日

たしか二十四歳のとき山梨県富士吉田の火祭りを見た。約一キロに及ぶ沿道に七十〜八十本の大松明が燃やされる奇祭で、富士山への夏登山の終わりを飾る。当初は諏訪神社の祭りだったらしいが、今は富士浅間神社との共催だ。民俗学の学習に出向いたわけではないので、案内してくれた友人と飲みまくり、気がつくと知らない場所で翌朝目覚めた。窓から見えた壮麗な富士山が忘れられない。

あ、単なる青春の一齣。忘れてください。

奇

キ

[外]めずらしい・くし・あやしい

身は心のやっこなり

奴

正徳四（一七一四）年の今日、かの貝原益《かいばらえき》軒《けん》*先生が亡くなった。シーボルトは著書『日本』のなかで「日本のアリストテレス」と紹介したが、私にとっては何より『養生訓』の著者、実践者。父母の残した身ゆえつつしんでよく養い、天寿を保つべしと具体策を説いた。自愛が孝行にもなる生き方読本だ。

箴言《しんげん》に溢れているが、ここでは一つだけ紹介しよう。「身は心のやっこなり。動かして労せしむべし」。奴とは下僕。さぁ動こう。

奴　ド

［外］やっこ・やつ

8月27日

＊1630－1714年。江戸時代の儒学者・本草学者（薬学者）。教育や経済などの様々な分野で業績を残した。

物いへば唇寒し

唇　シン　くちびる

8月28日

今日から「処暑」の次候である「天地始粛（てんちはじめてさむし）」に入る。「粛」の原義は細密な模様を描くことで、転じて「つつしみ、うやまう」意味。残暑の厳しい最中にはそんな気分も失せていたのだろう。

芭蕉の座右の銘に「物いへば唇寒し秋の風」がある。元は『文選』の一節。詞書には「人の短をいふ事なかれ、己が長をいふ事なかれ」とあるが、その戒を破って唇を寒くしても、ちっとも涼しくはならない。

お金を学ぶ?

金

金
キン・コン
かね・かな

8月29日

和銅元（七〇八）年の今日、日本初の流通貨幣「和同開珎」が発行されたため、投資会社などが「お金を学ぶ日」と決めている。

令和四（二〇二二）年度から高校家庭科の授業で「資産形成」が取り入れられたが、損得を考えずに学ぶべき時に損得勘定を学ばせ、いったいどうしようというのだろう。

道元禅師は、「学道の人はまづすべからく貧なるべし。財多ければ必ずその志を失ふ」（『正法眼蔵随聞記《しょうぼうげんぞうずいもんき》*』）と仰った。危うし日本。

＊道元が折にふれ弟子たちに説き聞かせた言葉を筆録したもの。

8月30日

国際失踪者デイ

失
シツ
うしなう

「失」はもともと巫女が手を挙げて舞い踊り、忘我状態で気を「うしなう」こと。やがて「うしなう」現象すべてに使われた。

世界二十五カ国以上の国で、毎年何千人もの男女が「失」踪している。ウクライナから拉致された子供たちも二〇二二年の法改正でロシア人家庭の養子にできるようになった。日本でも毎年の失踪者は十万人近い！

今日は赤十字国際委員会などの定める「国際失踪者デイ」。ここは危険な惑星なのだ。

野のヤ

8月31日

夏野菜を食べよう

野

語呂合わせだが、今日は「や（8）さ（3）い（1）の日」らしい。トマト、茄子、ピーマン、オクラ、ゴーヤー、トウモロコシなど、夏野菜は水分やビタミン、カリウムも豊富でむくみを取り、熱中症対策にも有効だ。

ところで二〇二六年度からブロッコリーが十五番目の「指定野菜」になる。一九七四年に指定されたジャガ芋以来、五十二年ぶり。思えば地中海沿岸に生まれ、明治に輸入され、苦節百五十年余で遂に食卓の常連入りだ。

自剃《じぞり》はシックの五枚刃

剃
テイ
そる

蕪村の句。「自剃して涼《すずみ》とる木のはし居哉」。自分で頭を剃った法師が、涼み台の端で涼んでいるのだが、じつは『徒然草』*に下敷きがある。「法師ばかりうらやましからざるものはあらじ。人には木の端のやうに思はるゝよと清少納言が書けるも、げにさることぞかし」。しかし蕪村はそれが悟れぬ兼好法師の妄言ではないかと言う。私も毎日風呂で自剃しているが、確かにその後の夕涼みはどこであれ気持いい。

＊鎌倉時代末期に吉田兼好（生没年不詳）が書いた随筆集。枕草子、方丈記と並ぶ日本三大随筆の1つ。

第二次世界大戦終結

終

シュウ
おわる・おえる

9月2日

第二次世界大戦の終戦が国民に告げられたのは、一九四五年八月十五日正午からの玉音放送である。しかし大戦の正式な終結は同年九月二日の、アメリカ軍艦ミズーリ号艦上における「無条件降伏文書」調印を待つ。

日本からは天皇ほか重光外務大臣[*1]と梅津参謀総長[*2]、連合国側はマッカーサー元帥ほか九カ国の代表者が署名した。とはいえ玉音放送は強烈。「堪え難きを堪え、忍び難きを忍び、以て万世の爲に太平を開かんと欲す」。

＊1　重光葵《まもる》、1887 − 1957 年。外交官。
＊2　梅津美治郎《よしじろう》、1882 − 1949 年。陸軍軍人。

9月3日

穀力は国力

稔

ジン・ネン・ニン
みのる・とし・つむ

二十四節気では立秋の約十五日後に処暑が始まる。処暑を三分した末候が「禾乃登（こくものすなわちみのる）」で、そろそろ稲穂の稔り具合が目に見える季節。「禾《のぎ》」は6月5日の「芒《のぎ》」と同意と思っていい。

マンサク、アジサイ、百日紅《さるすべり》の花が多ければその年は豊作だと、この地域（南東北）では言う。しかし近頃は台風や洪水、猪の被害なども多いから油断はできない。穀力こそ国力と心得、豊かな稔りを今年も祈りたい。

空蝉の世の人なれば

殻　カク　から

9月4日

元々「うつせみ」は「うつしおみ（現臣）」から「うつそみ」、更に「うつせみ」に変化したと言われ（『岩波古語辞典』）、この世に生きる人の意味。やがて「虚蝉」や「空蝉」の文字が当てられ、蝉の脱殻《ぬけがら》も意味した。「〜の」は枕詞として「世」「世の人」「むなし」「わびし」「はかなし」などに掛かる。

この時期、庭木の葉裏などに空蝉を見かける。地上での短い生を、おそらくすでに終えているだろう。人生短し、旅せよ若者。

国際チャリティー・デー

9月5日

慈

ジ

いつくしむ

今日はマザーテレサの命日に因み、国際チャリティー（慈愛）・デー。オスマン帝国領のアルバニア人として生まれ、インドで貧者・孤児・病人の救済に献身。聖人として八十七歳で没した。まずはその言葉に耳を傾けよう。「貧しいことは美しいことです」「平和は微笑みから始まります」「昨日は去りました。明日はまだ来ていません。私たちにはただ、今日があるのみ。さあ、始めましょう」。

さぁ、まずは微笑むことから始めよう。

黒は高貴で贅沢

黒

コク

くろ・くろい

9月6日

語呂合わせだが今日は「黒（9・6）の日」。黒字は望ましいが、「お前は黒だと睨んでいた」などとも使う。複雑で不思議な色だ。

物体として理想の黒は、全ての波長の光を完全吸収するわけだがそれは存在せず、近づけるべくカーボンナノチューブ*使用の暗黒シートを研究開発中。一方染料としては殆んどの場合濃い紫色を用い、その材料の紫根や紫貝が貴重であったため、黒も高貴な色とされた。他の色に染め変えられないのも贅沢だ。

*炭素原子が六角形に並んだ構造を持つ物質で、高い強度や熱伝導など優れた特性を有している先端素材。

陰気ようやく重なり

9月7日

陰

イン
かげ・かげる

九月七日頃から白露、二十四節気の十五番目である。江戸時代の暦便覧《こよみべんらん》*に「陰気ようやく重なり、露こごりて白色となれば也」とある。ようやく陰気優勢になって気温が下がり、草に降りた露が朝靄の中で白く見える季節。初候は「草露白《くさつゆしろし》」という。

境内には秋明菊が涼しげな花を咲かせる。この花、名前は菊だがじつはキンポウゲ科でアネモネの仲間。英名はJapanese anemoneだから日本原産かと思いきや、中国だった。

＊江戸時代の太玄斎《たいげんさい》（松平頼救《よりすけ》）が、1787年に著した暦の解説書。

白露地の庭

庭

テイ
にわ

9月8日

庭にさまざまな花が咲くのも楽しいが、京都妙心寺の東海庵にはただ白い砂紋だけが広がる「白露地《びゃくろじ》の庭」がある。禅で白露地といえば人間本来の心。余計な手を加えず、太陽や木々の影がその時々の彩りを添える。

東の隅に一つ、大きな棗《なつめ》型の手水鉢《ちょうずばち》があり、意外なほどの緊張感を与える。心でいえば何か拠りどころのようなものだろうか。

うちの庭ではアケビ（木通）が口を開いた。アケビは開け実の訛り。包み隠し無し。

今日は重陽だが

9月9日

節　セツ・セチ　ふし

奇数が陽で、今日は陽数最大の九が重なる重陽《ちょうよう》。だが果たして重陽の節句だと言うべきか、否か。つまり陰暦で中国から流入した五節句（人日《じんじつ》・上巳《じょうし》＊、端午、七夕、重陽）のうち、他の四つは新暦でも定着したが、重陽だけは菊が咲かないせいか新暦の行事になりきれていない。本来は蒸した菊を冷酒に漬け、更に花弁を浮かべた菊酒で息災・長寿を祈るのだが……。え、仏前に年中ある？　菊無しでもいい？　それじゃ節句にならない。

＊中国が起源で３月の最初の巳の日だったことに由来。のちに桃の季節に因み桃の節句とも呼ばれる。

9月10日

世界自殺予防デイ

殺

殺

サツ・サイ・セツ

ころす

二〇〇三年の今日、スウェーデンのストックホルムで「世界自殺防止会議」が開かれたことに因み、世界保健機関（ＷＨＯ）や世界自殺防止協会が記念日に指定。日本は稀に見る若者の自殺国であることから、十日〜十六日までを自殺予防週間と決めている。

世界では年間約八十万人が自殺し、日本ではなんと二万人以上。これは戦争以上だ。思えば自殺とは、大脳皮質に宿った「私」による無辜《むこ》の自然に対する殺戮ではないか。

9月11日

アメリカ同時多発テロ事件

復

フク

[外]かえる・かえす・また・ふたたび

「三・一一」と共に「九・一一」も忘れがたい。イスラム過激派組織アルカイダによる同時多発テロ事件だ。国内便飛行機四機が十九人にハイジャックされ、世界貿易センタービルや国防総省本庁舎などが攻撃され、日本人二十四人を含む二千九百七十七人が死亡。被害規模もさることながら、この攻撃が復讐と認識されていたことが忘れられない。復讐は更なる復讐を呼ぶ。ここからアフガニスタン紛争に移り、まだ全ては終わっていないのだ。

マラソンの日

走

走
ソウ
はしる

9月12日

マラソンの語源がギリシャのマラトンであることは知る人も多いはず。紀元前四五〇年の今日、自軍の倍以上のペルシャ軍がマラトンに上陸し、ギリシャ連合軍は作戦で勝利した。伝令の兵士がアテネまでの三六・七五キロを走ったため、第一回近代オリンピックでは同じコースの長距離走が競われた。

しかし忘れてはいけないのはこの兵士、朗報を報告し終わるやすぐに息絶えた。人生はマラソンの如しだが、生き長らえてこそだ。

世界法の日

9月13日

法

ホウ・ハッ・ホッ
［外］のり・のっとる

法による苛酷な秦の支配を滅ぼした劉邦《りゅうほう》*は、「法は三章のみ」と述べ、「人を殺した者は死刑、人を傷つけた者と物を盗んだ者はその程度によって罰する」と決めた。現実に鑑み、その後九章に増えはしたが、徳による漢の統治は四百年続いたのである。一九六五年の今日、アメリカ・ワシントンでの「法による世界平和第二回世界会議」は、「何人も正式な法律以外に支配されることはない」と宣言。増え続ける法律は進化なのか？

＊中国・前漢の初代皇帝。農民の出身で、長安を都として漢の基礎を築いた。

鳥の声がよく響く季節

鳥

鳥　チョウ　トリ

9月14日

「白露」の第二候は「鶺鴒鳴《せきれいなく》」。鶺鴒は年中見かけるし、年中鳴くのだが、初秋の澄みわたった空気には「チチチチッ」という甲高い声がよく響く。

水辺を好み、古くから日本にいて、『古事記』ではイザナギとイザナミに夫婦の交合を教えた鳥とされる。頻《しき》りに尾を上下に振るせいだろう。よく見るのは白黒はっきりした背黒鶺鴒と薄いグレーの白鶺鴒、警戒心の強い黄鶺鴒はあまり見かけなくなった。

9月15日

トンボ長いか短いか

蜻

蜻　セイ

「蜻蛉」と書けば普通はトンボだが、和歌の世界ではカゲロウを意味する。「蜻」一字ではコオロギの一種、「蛉《れい》」がつかないとトンボにならないかと思えば、芭蕉は「蜻蜓」でトンボウと訓ませている。

「蜻蜓やとりつきかねし草の上」少し風があるのか、それとも自重のためなのか不明だが、相変わらず細かい生態観察である。

ところで「蜓《えん》」はうねうね長いものを意味するのだが、トンボって……、まぁ長いか。

老熟を讃える

老

ロウ
おいる・ふける

9月16日

知らない人もいるかもしれないが、敬老の日は二〇〇三年以降、九月の第三月曜だ。

作家の黒井千次氏*は中公新書で「老い」を書き続けている。次第に縮む散歩の距離、抜け落ちる「暗証番号」、勝手に転がり去る錠剤、少量の液体にむせ、なんでもない一歩にヨロケ、中腰に恐怖し……。『老いの深み』は経験しないとわからないが、禅は「老熟」と言って「老い」を肯定的に見る。「虚」こそが相手を受け入れる余地だが、相手次第か。

＊1932年東京生まれ。小説家。会社員の傍ら『時間』で芸術選奨新人賞を受賞し作家生活に入る。文化功労者。

9月17日

明月清風是れ我が家

禅語では「水を掬すれば月手に在り」のように、月を仏性の喩えに用いる。『寒山詩*』の「明月清風是れ我が家」も同主旨である。『碧巌録』第六則の著語には「誰が家にか明月清風無からん」とあるが、この誰にも具わった仏性への自覚で人生が大きく変わるのだ。

今年も「中秋の名月」を見上げよう。地球という自己で変形していない奇跡的な「明月」だ。本当は三日月も上弦も綺麗だが、満月なら清風も一際爽やかに違いない。

月

ゲツ・ガツ

つき

＊中国・唐代の天台山に隠れ棲む寒山、拾得《じっとく》、豊干《ぶかん》の詩集で、『三隠集』とも呼ばれる。

嘘から始まった満州事変

嘘

キョ

ふく・はく・うそ

9月18日

秋彼岸が間近だが、やはり彼岸界隈は不穏である。昭和六年の今日、大日本帝国の関東軍は満州の柳条湖付近で南満州鉄道（満鉄）の線路を爆破し、それを中国軍の犯行と詐《いつわ》って発表し、そこから満州事変になだれ込む。太平洋戦争終結まで、爆破は張学良らの仕業と信じられていたが、嘘だったのである。

どんな大義をかざそうと、戦争となれば嘘もつくし謀略も尽くす。今はそれが遠隔でできるというのだから益々始末が悪い。

飛行のプロ、また旅立つ

9月19日

去

去　キョ・コ　さる

4月7日には「玄鳥至」を示したが、その頃から七月にかけ、燕は二度の産卵と子育てを終えて今度は南国に帰る。「白露」の末候が「玄鳥《つばめ》去《さる》」である。

夏の間子育てのため、野や街中を忙しく飛びまわる様子が「夏燕」として俳句にも詠まれる。「ひるがへるときの大きさ夏つばめ（宗像《むなかた》夕《ゆ》野火《のび》*）」。しかし去るときは突然だし、気がつくといない。「去」の原義は「すてる」だが、捨てたわけではない巣を見上げる此頃。

＊ 1922 − 2017年。熊本県球磨郡出身の俳人。俳誌『松』を創刊主宰。句集『水神』。

空の日・バスの日

空

空

クウ

そら・あく・あける・から

9月20日

ライト兄弟に遅れること八年弱、日本でも一九一一年の今日、山田猪三郎氏開発の山田式飛行船が約一時間の東京上空滞空飛行に成功した。ライト兄弟は動力機、山田氏の場合は複数のガス袋と重心の制御による飛行である点が大きく違うが、いずれも人工物が空を飛んだことに違いはない。

ライト兄弟が初飛行した一九〇三年には、日本で初めての営業バスが京都で走った。東京と京都から始まった交通新時代である。

みんな同い年

軽

軽　ケイ　かるい・かろやか

9月21日

敬老の日からまだ一週間弱だが、もう忘れていないか。「老」の実相を古謡《こよう》から。「皺がよる、ほくろができる、腰まがる、髭白くなる。手は振るう、足はよろつく、歯はぬける、耳は聞こえず、目はうとくなる、（中略）くどくなる、気みじかになる愚痴になる、出しゃばりたがる、世話やきたがる」。そう覚悟した上で、「老い」を軽く明るく迎えよう。しかし「老《ろう》少《しょう》不《ふ》定《じょう》*」、年の順には逝かない。「みんな同い年」、そう思えれば敬若の余裕も。

＊仏教で人の寿命には定めがなく、必ずしも老人が先に死に、若者が後に死ぬとは限らないこと。

全国一斉に咲く華

華

華

カ・ケ　はな

9月22日

「華」という字は花弁が美しく咲き乱れる姿だが、もともとは彼岸花の象形らしい。また華を抜き取る姿が拝礼の姿勢に近いため、手偏に華から「拝」の字ができた。

温度に関係なく、彼岸花は九州から東北地方までほぼ一斉に咲く。どうやらオーロラが北極南極両方に現れるお彼岸独特の地磁気のせいらしい。地磁気は微弱だが、それを感じる鳥や植物の生態がようやく詳らかになりつつある。自然の謎はまだまだ尽きない。

万年筆の日

万
マン・バン
［外］よろず

9月23日

一八〇九（文化六）年九月二十三日、イギリスのフレデリック・バーソロミュー・フォルシュが金属軸内にインクを貯蔵できる筆記具を考案し、特許を取得した。fountain pen（泉のペン）と呼ばれたペンは一八八四年日本に到来したが、じつは発明家國友藤兵衛の「御懐中筆」考案はそれに先立つ。

公文書へのインク使用解禁は一九〇八年。しかし一九七〇年代、公文書にボールペン使用が許されると衰微。もっと万年筆を使おう。

唐辛子色づく

辛

辛 シン からい

9月24日

久方に芭蕉の句。「青くても有るべき物を唐辛子」。青いままでも充分辛いし、そのままでもよさそうなのに、唐辛子はわざわざ辛そうな赤色になる。なるほど仰るとおり。

唐辛子の「唐」は別に中国ではなく、漠然と「外国」の意味。トマトも当初「唐柿」と呼ばれた。その辛み成分はカプサイシンと言い、粘膜を傷つけ痛覚に作用する。適量なら食欲増進に役立つが、激辛は胃を痛めるので要注意。唐辛子の辛さ専用の単位もある。

芭蕉の葉を破る声

9月25日

聲（声）　セイ・ショウ　こえ・こわ

「鶴の一声」と言う。実際それは周囲が黙って従うほどの迫力だ。芭蕉は黒羽藩滞在中に鶴と芭蕉の絵に賛[*1]を頼まれ、次の句を書いた。「鶴鳴《なく》や其声芭蕉やれぬべし」。「やれぬ」は「破れぬ」。芭蕉の葉は秋風で破れやすいが、鶴の一声で破れるだろう、と言うのである。芭蕉は傷つきやすいものの象徴。一方の鶴は、遠くへ渡って新鮮な命を運び、食べれば長命を得られると信じられた。二本松藩の丹羽公[*2]が鶴を食べた記録が残っている。

＊1　画賛とも言い、絵の余白に書き記したもの。
＊2　二本松初代藩主の丹羽光重のこと。

台風襲来の日

颱（台）
タイ
たいふう

9月26日

洞爺丸転覆の洞爺丸台風（一九五四年）も、伊豆・関東を襲った狩野川台風（一九五八年）も、また死者・行方不明者が五千人を超えた伊勢湾台風（一九五九年）も、すべて九月二十六日だった。三度も続くとさすがに不吉だ。

和辻哲郎は『風土』で、台風が培った日本人のモンスーン気質を喝破《かっぱ》。曰く「こつこつ努力するが、諦めがいい」。いわば「両行」で、相反する性格の同居である。両極端を踏まえ、直観で決断する性《さが》は颱風のお陰なのだ。

塚も動け

塚

塚

［外］チョウ
つか

9月27日

秋風には別れの気配が漂う。「相《あい》送り門《もん》に当たって脩竹《しゅうちく》あり、君が為葉々《ようよう》清風を起こす」。これは中国で修行仲間が別れを惜しむ光景だが、芭蕉は間に合わなかった別れを慟哭する。「塚も動け我泣声は秋の風」。金沢での再会を楽しみにしていた一笑*が、前年の冬に亡くなったことを知り、その兄が催した追善供養での追悼吟である。

塚はもともと墓のこと。自分の泣く声と秋風とで、塚ごと動けと叫ぶような句だ。

＊加賀の俳人小杉一笑のこと。茶屋を経営したことから、通称茶屋新七、俳号を一笑と号した。

9月28日

こおろぎか、きりぎりす

蛬

蛬

キョウ

こおろぎ・きりぎりす

古代、「きりぎりす」と「こおろぎ」は鳴く虫の総称だった。そして歌の世界では「蟋蟀」と書いて「きりぎりす」と訓み、実際には今のこおろぎを指すことが多かった。「小便の身ぶるひ笑へきりゞゝす」（一茶）。これも恐らくこおろぎだろう。

ところが賀茂真淵*の説で、蟋蟀は「こおろぎ」と訓むことになり、混乱が生じた。一茶は別の句で「蛬」を用い、蟋蟀と区別したが、訓み方はやはり「きりぎりす」だ。

＊1697－1769年。江戸時代中期の国学者・歌人。『万葉集』や『源氏物語』など古典の研究を行なった。

もはや喜べない複写の進歩

9月29日

複

フク

[外]かさねる

コピー機は当初「複写機」と呼ばれた。国産初のコピー機は富士ゼロックス製。一九六二年の今日発表され、当時は一分間にA4用紙七枚というスピードだった。

今や一瞬で画像や声までコピーでき、AI技術を用いてニセ動画が拡散されている。恐ろしいのは中国で流行する死者の動画である。すでに亡くなった人の顔と声で、どんなことも言わせることができる。もしや習近平は、死なない存在になるつもりではないか。

9月30日

スマトラ沖地震の日

為　イ

［外］なす・する・ため・つくる

古代、地震のことは「那為《なゐ》」と呼んだ。「那（あの方）が為さること」の意味で、通常は「那為揺《ゆ》る」「那為振《ふ》る」などと用いた。

あの方（天・神）の為さることに、こちらは只合わせるしかない。故に「為合」は「しあわせ」と訓み、ほぼ運命の意味だった。

室町時代には文字が「仕合」になり、相手もあの方から人に変わる。従って「仕合」は「しあい」とも訓み、相手の出方への対応力の意味に変わったのだ。上手に仕合せよう。

神無月

眼鏡の日

10月1日

眼

眼

ガン・ゲン
まなこ

１００１を上手に並べるとメガネの形になる。その理由だけで「眼鏡の日」である。

日本に初めて眼鏡がお目見えしたのは宣教師フランシスコ・ザビエルの献上品だった。相手は周防国の守護大名大内義隆*だが、残念ながら使用した記録はない。実際に使用したのは、現物が残っているため、徳川家康と伊達政宗だが、どちらが先だったかは不明。

眼は情報の八割を仕入れる窓。眼鏡不要の坐禅の時間がますます好きになる此頃だ。

＊1507 − 1551年。戦国時代の武将。ザビエルにキリスト教布教を許し、西洋文化の輸入にも努めた。

また冬眠準備が始まる

蟄
チツ・チュウ
かくれる・とじこもる

10月2日

3月5日の「啓」では冬眠から醒める虫たちを紹介したが、そろそろまた冬眠準備に入る。二十四節気「秋分」の次候「蟄虫坏戸《むしかくれてとをふさぐ》」が十月二日頃までだ。

冬眠のスタイルは様々で、蝶の幼虫は主に蛹で冬を凌ぎ、クワガタやてんとう虫は成虫のまま木の根元や土中に潜り込む。あるとき資材置場で板を動かしたら多種類の無数の蛇が冬眠していた。冬眠では種類を問わない在り方に私は感動した。ああ麗しき雑魚寝《ざこね》。

10月3日

月から届く芳香

桂

桂

ケイ

かつら

3月26日の「桜」と同様に、「桂」も本来は別な木を指した。金木犀である。

月夜に漂う馥郁《ふくいく》たる香り、それを古人は月から届くと思ったのだろう。月には巨大な桂の木があると信じられ、月を「桂輪《けいりん》」とも呼んだ。

皎々《こうこう》たる月の描写を我々はお通夜の回向などでも使う。「桂輪孤《ひと》り碧天《へきてん》に朗《あき》らかに＊」。煩悩妄想の雲が霽《は》れた香《かぐわ》しい月光を故人に見立て、その徳を讃えるのである。

＊美しい満月が雲一つない天空を照らしているという意味。

遺伝子操作の悪徳企業

果

カ

はたす・はてる・はて

10月4日

栗やキウイなど、食べられる木の実が成る季節である。達磨大師は「一華五葉を開き、結果自然に成る」と仰った（『少室六門集《しょうしつろくもんしゅう》』*）。華が開けば自然に実も結ぶのだし、敢えて結果を気にする必要はない、と受け取れる。

しかし果実の中には次世代へと続く種がある。最近ドイツのバイエル社に吸収合併されたアメリカのモンサント社は、できた種を蒔いても発芽しないターミネータ種子を開発した。毎年農家に種を買わせるための策謀だ。

*達磨大師の著書。心経頌、破相論、二種入、安心法門、悟性論、血脈論の六門からなる。

達磨忌

達　タツ　[外]とおる・とどく・たち・たし

10月5日

今日は禅の開祖達磨大師の命日だ。達磨といえば「七転び八起き」と言われるが、元々は七回目の毒殺で死んで熊耳山《ゆうじさん》*に埋葬され、その後西域で片方の靴を手に持った姿を見かけたとの話が広まり、墓を掘り起こすと靴が一つ残っていた、との伝説に基づく。

達磨はやがて日本に渡り、奈良で死ぬ間際に聖徳太子に発見され、片岡山に埋葬されたと言う。どこまで本当なのか知らないが、とにかく禅寺は今日から冬衣に替わる。

*中国河南省三門峡市の東部にある山。達磨大師の墓があると言われている。

闇夜に本物の松明

鵜
テイ
う

10月6日

長良川鵜飼いが終盤である。海鵜を訓練して川に潜らせ、鮎を呑み込ませ吐き出させる伝統漁法だ。芭蕉は「面白てやがてかなしき鵜ぶね哉」と詠んだが、鵜匠の家を訪ねると毎日首にマッサージまで施す懇切ぶり。「かなしさ」よりむしろ両者の信頼関係を感じた。『日本書紀』神武天皇の条には「鵜養部《うかいべ》」とあり、鵜匠らの生活をうまく表している。

信長も家康も鵜匠に禄を与え保護したが、長良川鵜匠は現在宮内庁式部職の公務員だ。

水はじめて涸る

涸

涸　コ
かれる・からびる・つきる

10月7日

十月三日から七日頃が「秋分」の末候「水《みず》始《はじめて》涸《かる》」。田圃の水を抜き、いよいよ米の収穫時期を迎える。どれほど日本人が米作りを気にしていたかが判る。

ただ最近は、異常気象による炎暑のため、一等米の割合が減少している。寒冷地向けの開発は「亀の尾」から「コシヒカリ」まで優れた成果を残したが、今求められるのは高温に耐える品種である。元々熱帯植物のイネを温帯で作ったから美味しかったのだが……。

鴻雁来たる

雁

雁　ガン　かり

二十四節気の「秋分」が終わり、今日から「寒露」に入る。その初候が「鴻雁来《こうがんきたる》」である。朝晩の冷たい露はあるものの、天は高く、食欲の秋、スポーツの秋などと言われる季節だ。その高い夕空に雁が編隊で飛ぶのである。

渡り鳥にリーダーはいない。なぜあれほど均等な編隊になれるのか、私の昔からの謎である。

最近は地磁気のセンサーが注目されているが、問題は「私」を溶かす仕組みだ。

暢気に見える釣り人だが

10月9日

釣

チョウ
つる

「秋風の一日何を釣る人ぞ」（子規）。何を釣るのか、糸を垂れた釣り人の姿がさっきから動かない。ただ釣糸が秋風に揺れている。

釣りが趣味という人は、短気な人が多いらしい。一時間後にしか釣れないと予め分かっていたら、誰も釣りなどしない。今か今かとハラハラドキドキした挙げ句、結果として一時間後に釣れたのだ。

だとしたら、今は話しかけないほうがいいだろう。

「ゆい」で稲刈り

刈

[外]ガイ・カイ
かる

10月10日

八月一日という姓の人がいる。「ほづみ」さんという。むろん旧暦だが、昔の稲刈りは穂だけ摘んだ。今はコンバインでの根刈り。脱穀・選別まで一体的に進めてくれる。出穂《しゅっすい》から約五十日が稲刈りの目安。機械は使うが、さすがに田植えと稲刈りには親戚や近所の「ゆい」が残っている。

良きにつけ悪しきにつけ、日本人の特質はこの辺りに由来するのではないか。助け合いの精神も、同調圧力の強さも。

塒《ねぐら》は太陽のほう？

10月11日

烏

ウ・オ
からす・くろい・いずくんぞ

神武天皇の伝説には八咫烏《やたがらす》が登場する。熊野から大和へ向かう際、険しい山に路がなく困っていると、夢に天照大神が現れ、八咫烏を遣わすという。果たして大きな烏が飛来して無事に大和に辿り着いた。

天照と八咫烏のように、烏は太陽と縁が深い。中国では烏が太陽に棲むと考え、太陽を「金烏《きんう》」、月を「玉兎《ぎょくと》」と呼んだ。夕暮れ時、烏が次々夕陽の方へ飛び去るのを見て、毎日太陽を往復していると思ったらしい。

翁忌

翁

オウ

［外］おきな

10月12日

本来は旧暦だが十月十二日は松尾芭蕉の命日（元禄七年）。時雨忌《しぐれき》、翁忌《おきなき》と呼ぶ。刈り入れてまもない田圃に時雨が強く降りかかる。「しぐるゝや田の新株《あらかぶ》の黒むほど」。新株が黒む、とは通り雨にしても相当激しい。故郷の伊賀上野に向かう途中の吟だが、稲刈りの後だった安堵も感じる。翁は本来神の現れる姿。「宿かりて名をなのらするしぐれかな」夕方の時雨なら名乗って宿を乞う。旅続きの翁の晩年は賓《まれびと》のようだ。

菊枕

菊　キク

10月13日

十月十三日頃から七十二候の「菊《きくの》花《はな》開《ひらく》」。各地で品評会や菊まつりが開催される。僧侶をしているとあまりに日常的だが、思えば菊の花言葉は「高貴」。後鳥羽上皇が好み、菊の御紋が皇室の家紋になった。

菊酒はご存じかもしれないが、菊枕はどうだろう？　旧暦九月九日に摘んだ花弁を乾かし、それを枕に詰める。すると香りだけでなく、夢に恋する人が現れるとされ、女性から男性に贈った。別人が現れたらどうする？

鴫《しぎ》

鴫立つ沢の秋の夕暮れ

10月14日

田圃で見かけるシギやチドリの多くは、じつは燕以上の距離を飛ぶ渡り鳥だ（一万キロ以上）。毎年ロシア、アラスカなどで繁殖し、南方のアジア、豪州などで冬を越す。その中継点として日本の湿地に寄るのだ。長い嘴でゴカイや小魚、甲殻類、昆虫などを食べ、鳴き声はか細い。「心なき身にもあはれは知られけり鴫立つ沢の秋の夕暮れ」（西行*）。やはりその声が、立ち寄った土地で人々の心をざわつかせたのか？　多くは絶滅危惧種だ。

＊1118－1190年。平安後期の歌人・僧。俗名佐藤義清《のりきよ》。出家し、諸国を行脚して歌を詠んだ。歌集『山家集』。

月を観るゆとりが欲しい

10月15日

旧暦八月十五日の月を中秋の名月と言い、中国伝来の観月の宴に倣う。平安時代に始まった習慣だが、江戸時代に庶民にまで広がると、芒や団子、里芋などを供え、収穫祭めいてくる。更に日本人は、旧暦九月十三日にも「十三夜」を愛で、その際は栗や豆を供えるため、中秋を「芋名月」と呼ぶのに対し、「栗明月」「豆名月」と言う。芋名月と栗明月、両方を観ないと「片見月」で縁起が悪いなどと脅すが、見忘れたらべつに明日で構わない。

栗

リツ・リ

くり・おののく・きびしい

世界食料デー

食

ショク・ジキ
くう・くらう

10月16日

一九四五年十月十六日に国連食糧農業機関（ＦＡＯ）が設立されたことに因み、今日は「世界食料デー」。我が国は十月一カ月を独自に世界食料デー月間と決めている。

世界では九人に一人が餓えている。自国の食料自給率を上げ、奪い合いから手を引くことだ。他国に愛想を振りまき、輸入を増やして自国の産業を苦しめる、そんな政治と決別したい。いつか食べると冷蔵庫に保管し、腐らせるのもやめなくてはなるまい。

柿くへば

10月17日

柿　[外]シ　かき

　正岡子規の有名な句。「柿くへば鐘が鳴るなり法隆寺」。この句は明治二十八年十一月八日『海南新聞』に掲載された。そしてじつは同年九月、松山に赴任して親交の深まった夏目漱石がこんな句を詠んでいた。「鐘つけば銀杏《いちょう》散るなり建長寺」。どう見ても似ている。

　しかし鐘の振動がなんとなく銀杏の落葉を促す気がするのに対し、柿を食うことと法隆寺の鐘は全くの無関係。ここはやはり無関係の関係の妙で、子規に軍配を上げよう。

痩

ソウ

やせる

「痩せ」を治す時代、目指す時代

10月18日

芭蕉の頃、庭に柿の木があることは豊かさの象徴だった。「里ふりて柿の木もたぬ家もなし」。ふりては古りて。旧家には必ず柿の木があったというのである。旅の心配は痩せてやつれることだった。「木曾の痩《やせ》もまだなをらぬに後の月」。痩せも治らぬうちに後の月（栗明月）を楽しむ自分を嗤《わら》っている。

飽食の時代、人はメタボを治そうとダイエットに励み、鳥もなぜか柿の実を食べにこない。鳥も痩せれば飛びやすいのだろうか。

10月19日

キノコはなに思う?

茸

ジョウ

きのこ・たけ・しげる・ふくろづの

キノコを含む菌類は不思議である。湿度と気温に恵まれるとアメーバ状の動きを見せ、環境が悪化すると植物化し、胞子を飛ばして生き延びる。人間は中枢神経の末端に脳を発達させて知性を獲得したが、彼らは別な方向へ進化し、全身に知性を分散した。

高度な知性体である菌類は、なぜおとなしく人間に食べられるのか。おそらく彼らは、生と死が分離できない生活形態で、一部の菌糸の死など問題ではないのだろう。

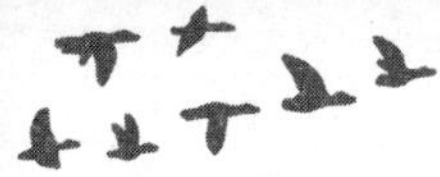

今日は恵比須講

夷

イ

えびす・えみし・たいらか・たいらげる

10月20日

中華の域外者を「えびす」*と呼ぶ。東夷西《とういせい》戎北狄南蛮《じゅうほくてきなんばん》は皆「えびす」である。これを受け、日本では伊弉諾《いざなぎ》伊弉冉《いざなみ》の神の第一子だった「蛭子」（未熟児？）を海に流し、「ひるこ」は「えびす」と呼び変えられ、更に「恵比寿」と文字まで変わって戻ってくる。海を怨むどころかその守り神になってだ。こんな強烈な来歴の神はいるまい。

なにゆえ商売の神になったのかは知らないが、商売繁盛は昔から最優先なのだろう。

＊古代中国で、自国を中華というのに対し、四方の異民族をこう呼んだ。

湯浴みの好時節

湯　トウ
ゆ

10月21日

温泉はいつでも入りたいが、夜寒の季節にはとりわけ嬉しい。世界には様々な神々がいるが「大穴牟遅《おおなむちの》（＝大穴持ちの）神」という噴火口の神がいるのは日本だけ。火山国に住む以上、地震は覚悟するしかないが、温泉という余録は存分に味わいたい。

「湯の名残今宵は肌の寒からむ」。芭蕉も湯のある宿泊地を離れ、これから移る先の肌寒さを想ってこんな句を詠んだ。シャワーや行水では味わえない古里の如き時空である。

遷

セン

[外]うつる・うつす

10月22日

遷都しては如何？

延暦十三年十月二十二日、桓武天皇はそれまでの長岡京から山背国《やましろのくに》葛野《かどの》郡《ぐん》へ遷都した。いわゆる平安京遷都である。大雨被害があり、日照りによる飢饉が続き、また疫病の大流行も大きな理由だったらしい。それならもうそろそろ東京も、遷都しては如何だろう。

一九九〇年、衆参両院は一致して首都機能移転を決議し、国会移転等審議会も設け、筆頭候補地は「那須野原・阿武隈」と答申された。決議されても実施されない幻の話だ。

霜はじめて降る

霜　ソウ
　　しも

10月23日

十月二十三日頃から二十四節気「霜降《そうこう》」の初候「霜《しも》始《はじめて》降《ふる》」である。全国的にはまだ秋の盛りだが、北国では足許の草木に氷の結晶がつきはじめる。美しい情景だが、いよいよ冬の到来だと身が引き締まる。

古人は雨や雪同様、霜も天から「降る」ものと思った。事実に反する表現だが、美しいし、そのまま使おうという態度が嬉しい。

しかし農作物の「早霜」被害は恐ろしく、農家はハウスを暖房するなど大わらわだ。

我もさびしき秋の暮れ

淋

リン

さびしい・したたる・そそぐ

10月24日

「こちらむけ我もさびしき秋の暮」。何という直截な表現だろう。そして「此道や行人《ゆくひと》なしに秋の暮」。ここでは俳諧の道を独り行く芭蕉の孤独が詠われる。「秋深き隣は何をする人ぞ」。これは病牀《びょうしょう》に就く少し前の句。孤独でありつつ人を見ずにはいられない人間の本質に迫る。第一句は、京都の真言僧に横向きの自画像の賛を頼まれての句。そう聞けば笑いも洩れるが、笑いの後には人恋しさと深い寂寥に包まれる。十七文字の人生観だ。

民間機、就航

民

ミン
たみ

10月25日

ゼロ戦や紫電改《しでんかい》＊など、日本の航空機技術は連合国側の脅威だった。ＧＨＱは日本の航空産業弱体化のため、戦後は航空機の運航を制限した。ようやく民間機に限り解禁になったのが一九五一（昭和二十六）年十月二十五日、日本航空（ＪＡＬ）の一番機は東京から大阪、そして大阪から福岡へ飛んだ。

現在の日本は、イギリスやイタリアと共同で新型戦闘機を開発中らしいが、やはり文化的遺伝子（ミーム）が目覚めたのだろうか。

＊旧日本海軍の戦闘機。正式名称は紫電二一型。紫電一一型を改良したことから、この名称で呼ばれている。

10月26日

原
ゲン
はら

原子力の日＆反原子力デー

偶然か、それとも意図的か、日本が国際原子力機関（ＩＡＥＡ）に加盟したのが一九五六年の十月二十六日、そして東海村で初めて原子力発電が行なわれたのも七年後の同じ日だ。それゆえ「原子力の日」とされるが、同時にこの日は「反原子力の日」でもある。

ＡＩもそうだが、悪用の危険は承知で利用を進める人々の楽観性に驚く。「技術の進歩」は今や最も制御しにくい欲望。「欲望という名の電車」が地球と人類を蹂躙していく。

読書週間

讀（読）

ドク・トク・トウ

よむ

10月27日

「文化の日」を挟み、今日から二週間が読書週間だ。そう言われても、急に読書ができるわけではない。読書とは、基本的に人の話を聴く能力に依拠するのではないか。

何度でも繰り返し聴きたい話。読み返すたびに味わいの変わる句集や歌集。そして座右にはもう一冊、夢中にストーリーを追いかける本も欲しい。

何というゴージャスな人生だろう。本のお陰で我々は幾つもの時空を同時に生きる。

実生の松の神々しさ

挿し木や接ぎ木など、果樹の栽培には様々な手法が用いられるが、なんと言っても「実《み》生《しょう》」が一番長生きだ。実生とは種が落ちたその場で育ったもの。とりわけ長寿の松は、種ならば岩からでも生える。芭蕉は鹿島神宮の「根上がりの松」を見て詠んだ。
「此松《このまつ》の実ばへせし代《よ》や神の秋」。「実ばへ＝実生」である。ここに種が落ちたのは神代の秋かもしれないという想像は、松への崇敬と同時に自らの流浪の短い生を照らす。

神

シン・ジン
かみ・かん

10月28日

冬支度を促す小雨

霎

ショウ・ソウ
こさめ・しばし

この字は「こさめ」とも訓むし「しぐれ」とも訓む。降っては晴れるこの冷たい雨で、人や生き物は冬支度を始める。七十二候の「霎時施《こさめときどきふる》」である。

この季節、山ではドングリが落ち、その音を「木の実時雨」とも呼ぶ。また里では山芋ができ、紫式部の鮮やかな実も目を引く。

私の中では庭の紫式部が稔ったら、山芋ができ、海では「きんき（吉次）*」が獲れると記憶されている。困った生臭坊主である。

＊北海道沖の太平洋やオホーツク海の水深150～1200mに生息する深海魚。赤い体と大きな目が特徴の高級魚。

手技を用いないリラクゼーション

脱

脱
ダツ
ぬぐ・ぬげる

10月30日

二〇一三年の今日、総務省が「手技を用いるリラクゼーション業」を産業分類に新設した。そのため同協会が記念日にしたらしい。

ここでは「手技を用いないリラクゼーション」を考えよう。要は意識を重心にフォーカスすること。立てば臍下三寸《せいかさんずん》、坐れば尻の下、寝転んだら床との接触面に意識を置けば、自ずと全身の脱力が叶う。脱力した部位は毛細血管が拡がり、重くなったと感じる。部位ごとに「重い」と念ずる自律訓練法も有効だ。

10月31日

捨てる神と拾う神

捨

シャ

すてる

少子化に悩む一方で、捨て子はなくならない。江戸時代の「生類憐れみの令」は捨子禁止令も含んでいたが、芭蕉も「霜を着て風を敷寝《しきね》の捨子哉」と詠んでいる。古くは天武天皇五年、凶作で子供を売る許可を求めた請願は却下されたが、十五年後には黙認方針に変更（『日本書紀』）。悲田院や寺の小僧などの受け皿は、今や乳児院や児童養護施設「こうのとりのゆりかご（赤ちゃんポスト）」か。同施設は日本に一箇所、ドイツには百箇所ある。

自衛隊の日

衛

エイ

[外]まもる

今日は自衛隊の日だが、その理由が面白い。一九五四年七月一日に防衛庁設置法と自衛隊法が施行されたため、当然七月一日を記念日にと考えたらしい。しかし七月から十月は災害が多く、記念行事などしている場合じゃなかろうというのである。

今や自衛隊は日本の災害復旧やインフラ整備に欠かせない大事な存在。天候が安定しやすいからと今日になったそうだが、安らかで音楽隊も活躍できる一日であれと願う。

山色清浄身

11月2日

楓

楓

フウ
かえで

十一月二日頃から「霜降《そうこう》」の末候で「楓蔦黄《もみじつたきばむ》」である。温暖化で遅くなりつつあるが、山では紅葉が始まっただろう。

蘇東坡《そとうば》*は「山色《さんしき》豈《あ》に清浄身《しんじょうしん》に非《あら》ずや」と、その無心の変化を仏の身の清らかさに喩えた。花は虫や蝶を招くために咲くが、紅葉に目的はなく、単に枯れていく途中が美しい。花よりも一段上の美と禅は捉えるようだ。

　蔦もたしかに綺麗だが、桜の幹に巻きつかれて困っている。自然に任せきれない私。

＊中国・宋代の文人、政治家。当代最高の詩人とされ、その詩は『蘇東坡全集』にまとめられている。

便乗も文化？

乗

ジョウ

のる・のせる

11月3日

もともと今日は明治天皇の誕生日。昔は明治節と呼ばれたが、同日平和と文化を尊重する「日本国憲法」が公布されたため「文化の日」と改称された。すると文化には文具も必要と、「文具の日」、レコードも文化とばかり「レコードの日」、それならとビデオもマンガも記念日にし、果ては「調味料の日」「ちゃんぽん麺の日」「アロマの日」「コスプレの日」も今日になってしまった。文化という言葉に日本人は弱いのか。あるいは便乗も文化？

落葉松はさびしかりけり

11月4日

落

ラク
おちる・おとす

日本の針葉樹で唯一色づいて落葉するのが「からまつ」だが、その色は黄金色だ。夕陽を浴びたその林の景観は浄土のようだ。

「からまつ（唐松）」の名は、中国（唐）の絵に描かれる松に似ていたため付いたのだが、じつは日本の固有種である。ただ天然樹以上に大規模造林された林が北海道や長野県で目立つ。北原白秋*は「からまつはさびしかりけり　たびゆくはさびしかりけり」と歌ったが、からまつはべつにさびしくはない。

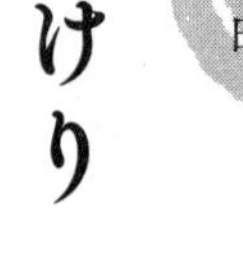

＊1885 － 1942 年。詩人、童謡作家、歌人。三木露風と並び評される近代日本を代表する詩人。

息は身心の出入り口

息

ソク

いき

11月5日

体の内外に温度差があると、息が意識しやすくなる。身と心と息は連動しているから、まず息から調えるのが禅的手法である。『天《てん》台《だい》小《しょう》止《し》観《かん》』*によれば、呼吸には「風《ふう》」「喘《ぜん》」「気《き》」「息《そく》」の四種類があり、音がする「風」、音はしないが結滞《けったい》のある「喘」、音も結滞もないが出入りが滑らかでない「気」等はいけない。静かに深く息を呼《は》く鍛錬の結果、息をしている意識もなくなり、安穏に、気持ちよくなるのが理想的な「息」である。

＊中国天台宗の開祖・天台大師によってまとめられた坐禅作法の名著。

心を調える方法

11月6日

調

チョウ
しらべる・ととのう・ととのえる

せっかく昨日、息を調える方法を書いたので、今日は心を調える三法を紹介しよう。

やはり『天台小止観』の教えだが、まず心を下半身、臍下丹田《せいかたんでん》の辺りに置き、次に身体を寛放《かんぽう》する。寛放とは、自己の輪郭が溶けて宇宙と一体化するような感じだろうか。その上で、全身の毛穴から気が自在に出入りし、障礙《しょうげ》＊がないと観想するのである。

身心一如《しんしんいちにょ》。心は臍下を中心に宇宙大に拡がり、身も万縁を包んで柔らかく宇宙に溶ける。

＊仏教語で、障害やさまたげのこと。

聖なる山の祭

祭

サイ
まつる・まつり

11月7日

紀州（和歌山県）には聖山が多い。高野山、熊野三山、熊野古道はいずれも世界遺産である。古くからの山祭《やままつり》の習慣に因み、本来は旧暦だったものを同じ日付で新暦に換え、県は十一月七日を「山の日」と定めた。人と山との共生を進めようとの主旨である。

全国で熊の出没が相次いでいるが、山奥へのソーラーパネルや風力発電の風車の設置が少なからず影響している。山の神の領分を侵さず、遠く拝む。それこそ山祭ではないか。

冬は何が殖える？

11月8日

冬　トウ　ふゆ

じつは昨日が「立冬」だが、山の神さまにお譲りした。最近は特に温暖化も進み、今どきが東北の紅葉も見頃。まだ秋の気配が濃厚なのである。

しかし各種業界は商魂逞しく、さぁ冬だ、「ココアの日」「とんかつの日」「鍋と燗の日」「夜なきうどんの日」「湯たんぽの日」だとじつに喧《やかま》しい。以上全てが立冬相乗りの記念日なのである。確かに「冬《ふゆ》」は「殖《ふ》ゆ」に由来するが殖えるのはお金じゃない。

たき火だたき火だ落ち葉たき

焚
フン
やく・たく

11月9日

すっかり日が短くなり、時折吹く風も冷たい。童謡「たきび」の二番はこう歌う。「さざんかさざんか咲いた道　たき火だ落葉たき」。山茶花の赤い花だけが淡墨《うすずみ》の景色に色を添える。冬花とは山茶花のこと。立冬の初候は「山茶《つばき》始開《はじめてひらく》」だが、これも山茶花だ。ところで歌は「あたろうかあたろうよしもやけおててがもうかゆい」と続く。冷えた手をすぐに暖めてはいけない。だからしもやけになるのだ。

今が死に時?

十

ジュウ・ジッ
とお・と

11月10日

十日夜を何と訓むだろう。「とおかんや」である。これは旧暦十月十日までに稲刈りを終え、この日に田の神さまを見送ろうという行事。田の神の化身とされる案山子《かかし》にお供えしたり、案山子と一緒に月見をしたりする。中秋の名月、栗明月に続く三度目の月見だが、あまり月齢は気にしない。

「死なば十月中十日《なかとおか》」という。十日夜以後の十日間ほどは、近所の手伝いも得やすいし紅葉も綺麗。死に時というのだが如何?

薪を準備する季節

薪

シン
たきぎ

11月11日

江戸時代の寺の寄附帳には、「薪炭」という項目がとても多い。「たきぎ」と「すみ」である。当時の住職の礼状なども檀家さんに残るが、煮炊きや暖房に欠かせない有難いご寄附だったのだろう。芭蕉は「火を焚《たい》て今宵は屋根の霜消さん」という句を残しているが、これも頂いた薪炭への感謝の句に違いない。

最近庫裡《くり》に薪ストーブを入れた。薪割りで温まり、また薪を運び、燃やし、幾重にも温まる。自力と他力の共同暖房である。

橋をいたゞく

橋
キョウ
はし

11月12日

芭蕉の句。「みな出《いで》て橋をいたゞく霜路《しもじ》哉」。新設の新両国橋の渡り初め。誰もが降りた霜を踏みつつ、橋そのもの或いは造ってくださったお上に感謝している。この感覚が今の時代の我々にあるだろうか。

一方で国内約七十三万の橋のうち、築五十年以上の「老朽橋」が四割近く、その七割は市町村管理だ。人口減と財政難の自治体が自力で架け替えられるかは不透明だ。要は国が、ミサイルと橋とどっちを取るかの問題だろう。

11月13日

うるしの日

漆
しつ
うるし

九世紀半ば、文徳天皇《もんとくてんのう》の第一皇子惟喬親王《これたかしんのう》が京都法輪寺に参詣し、うるしの製法や漆器の作り方を虚空蔵菩薩《こくぞうぼさつ》＊から伝授されたと伝わる。それが十一月十三日で、今日はうるしの日。遺跡からの出土品で古さを競い合う日中だが、日本の蒔絵、中国の螺鈿は群を抜く。
中国の荘子は元漆園の官吏だったというが、その「葆光《ほうこう》（光をつつむ）」や「韜光《とうこう》（光をくらます）」の思想は漆器の美を想わせる。谷崎潤一郎は行燈《あんどん》の光で見ようとこだわる。

＊大日如来の福智の二徳を司る仏で、「智恵を授かる仏さま」として信仰を集めている。

踏みたい霜柱

柱

チュウ
はしら

11月14日

大阪出身の女房は霜柱など「ありえへん」と言うが、十一月十二日頃から七十二候の「地《ち》始《はじめて》凍《こおる》」、東北ではありえるのだ。若干の土を載せてそそり立つ霜柱はなぜか踏みたくなる。ザクザクと踏み廻るのだ。

「霜柱ふみ荒されて真白に」（星野立子《たつこ》＊1）、ほらね。「霜柱踏み折る音の過ぎにけり」（加藤楸邨）、ほら、大家《たいか》にも同じ思い出が。「霜柱踏み砕き身の丈つまる」（三橋鷹女《みつはしたかじょ》＊2）。ああ、女子もそこまでやるか。あれば踏みたい霜柱。

＊1　昭和期の俳人。高浜虚子の次女。＊2　中村汀女・星野立子・橋本多佳子とともに四Tと呼ばれた女流俳人。

七五三

装

ソウ・ショウ
よそおう

11月15日

七と五と三を足すと十五になる。ゆえに七五三は実りを感謝する十一月の十五日に祝うとされた。当初は三歳に髪を伸ばし、五歳で袴を着けて祝った。ところが数え年三歳の祝儀など覚えていないため、念のため七歳にも帯締めの儀式をするようになったらしい。

いずれにせよ七五三はみな陽数でハレだ。儀式で太鼓や鐘を叩く数もこれが基本である。数字の元は中国の陰陽説だが、七五三は初めて和装に親しむ大事な日でもある。

門を開けば落葉多し

11月16日

葉　ヨウ　は

落葉、枯葉、あるいは散る紅葉など、夏とは違って葉の一枚ごとに目が行く。以下はその音への気づき。「雨を聴いて寒更《かんこう》尽《つ》き、門を開けば落葉《らくよう》多し」*（唐詩人無可）。つまり夜通し雨音と思って聴いていたが、朝門を開けると落葉の音だったと気づいたのである。

良寛和尚は末期のとき、世話になった貞心尼へと思える句を残した。「うらを見せおもてを見せて散るもみぢ」。こちらは音もせず、今も宙を舞いつづけている風情だ。

＊禅語『全唐詩』に収められた、唐時代の詩僧・無可の「秋に従兄の賈島《かとう》に寄す」という詩の一節。

凩

こがらし

木枯らしの中いずこへ？

11月17日

また芭蕉の句。「こがらしや頬腫《ほおばれ》痛む人の顔」。この人、おたふく風邪かそれとも酷い歯痛か。いずれにしても外出などしなければいいのに、どこへ行くのか……。しかも凩。冷風が頬に突き刺さり、辛そうな顔……。思わず自分も顔を顰《しか》めていたと気づく。

「木枯らし」も和語だが、「凩」は日本のみの国字。木は寒風に葉を落とすが、枯れるわけではない。無表情になった地表の下で、何かが「殖《ふ》える（殖ゆ）」季節が冬なのだ。

老化後の世代交代

11月18日

代

ダイ・タイ

かわる・かえる・よ・しろ

落葉樹の多くは、低温や乾燥の危機から身を守るため、色づいて葉を落とす。それは植物学的には葉の老化過程だが、老化後の振る舞いは人間同様さまざまだ。ユズリハは常緑樹だが、春に新しい葉が出ると、古い葉が場所を譲るように落ちる。新人が育ちやすく、それを潔しとする考え方もあるが、枯れてもじっと居残る柏に、後見や智慧の確実な伝授を見取る文化もある。

世代交代は植物界でもさまざまである。

厠《かわや》と手洗い文化

厠
シ
かわや・まじる

11月19日

世界のトイレ研究者が中心になり、二〇〇一年十一月十九日、世界トイレ機関（WTO）が設立された。だから今日は世界トイレデー。洗浄技術の高さや衛生環境の良さなど、日本のトイレは概して高水準とされるが、やはり大切なのはその後の手洗いだろう。国宝の東《とう》司《す》＊（厠＝トイレ）を持つ東福寺ではまず水で三度洗い、続けて灰で三度、土団子で三度洗い、更にサポニンが含まれるサイカチの実で三度洗い、最後に水と湯でまた洗った。

＊東福寺の東司は室町前期に建てられ、現存する国内の禅寺で最古のトイレとして知られる。

體《たい》露《ろ》金《きん》風《ぷう》

11月20日

體（体）　タイ・テイ
からだ

あるとき雲門禅師*に若い僧が問うた。「樹が枯れて葉が落ちた心境は如何でしょうか」。煩悩妄想という枝葉が脱落した悟りの境地を訊いたと見えるが、枝葉が枯れ落ちるとは老いの含意とも思える。老い衰えた心境を訊いたのではないか。雲門の答えはズバリ「體露金風」（枝葉がないから気持ちよい秋風が丸ごと体を包んどる。いい風だぞ）。小細工も余計な詮索もきっぱり撥ねのける、矜持《きょうじ》溢れる応答ではないか。大好きな言葉である。

＊中国唐代末期の禅僧で、最もよく知られている言葉は「日日是好日《にちにちこれこうにち》」である。

寐

ビ
ねる

11月21日

二人寐る夜ぞ頼もしき

通常、「寝」は横になること、「寐」は眠る意味に用いる。寝てはみたものの、寒さで寐られないと余計な孤独感にも襲われる。

芭蕉は元起和尚*という人に酒をもらい、謝辞の句を詠んだ。「水寒く寝入《ねいり》かねたるかもめかな」。かもめならぬ芭蕉は酒で温まり、うまく寝入れたのだろう。またこんな句もある。「寒けれど二人寐る夜ぞ頼もしき」。むろん同衾の意味ではない。紺屋の弟子と一緒だから、安心して眠れるというのである。

＊貞享3（1686）年、松尾芭蕉43歳の作と言われ、「元起和尚」なる人物は不詳。

どっちが菊の本性？

11月22日

性
セイ・ショウ
［外］さが・たち

10月13日（旧暦の重陽）に示した菊が本来の旬だが、油菊*という冬咲きの種から様々な「寒菊」が作られた。俳諧では秋から冬に咲き残る「残菊」も好まれる。

故人の納骨などのとき、供えた菊を地面に挿しておくとすぐに根づき、毎年咲くようになる。「咲くまでは草と呼ばるる野菊かな」とも詠《うた》われ、逞しい野生さえ感じさせるが、栽培種はとにかく手間がかかる。水も栄養もたっぷり欲しがるのだ。どっちが菊の本性？

＊キク科の多年草で、関西以西の日当たりの良い山地に自生。黄色の花を油に漬けて薬用にする。

虹蔵《かく》れて見えず

蔵
ゾウ
くら

11月23日

十一月二十二日頃から、二十四節気の「立冬」から「小雪《しょうせつ》」に変わり、初候は「虹蔵不見《にじかくれてみえず》」である。

四月の半ばに「虹始見《にじはじめてあらわる》」を紹介したが、虹はこの間の強い陽光と濃い水蒸気の産物。今後も出ないわけではないが、風情は一変する。「冬虹よ恋へば物みな遠きこと」（林翔《はやししょう》*）。淡い虹が寂寥を誘う。虹が天地の架け橋と信じられた時代、冬は寂しい時間だったろう。しかし「蔵」は、見えないけれどあるのだ。

＊1914－2009年。俳人。『和紙』で第10回俳人協会賞、『光年』で第20回詩歌文学館賞を受賞している。

種の起源

種
シュ
たね

11月24日

一八五九（安政六）年十一月二十四日、イギリスの地質学者・生物学者のチャールズ・ダーウィンが五十歳で『種の起源』を発表した。いわゆる進化論で、あらゆる生物は共通の祖先から長時間のうちに自然選択のプロセスを経て進化したというもの。一般読者向けの本で飛ぶように売れたが、この考え方は全てを神の被造物とするキリスト教の教えに反するため、哲学的宗教的論争を巻き起こした。修正論や反論もあるが、今も生物学の基礎だ。

大根の季節

根

コン

ね

11月25日

冬菜と呼ばれる白菜や小松菜が美味しい季節。しかしなんと言っても冬野菜の王様は大根だろう。我が師平田《ひらた》精耕《せいこう》老師*は年中風呂吹き大根を所望された。夏は筋張《すじば》って良材探しに苦労したが、冬は大抵喜んでいただけた。「菊の後《のち》大根の外更《ほかさら》になし」（芭蕉）。芭蕉もきっと大根好きだったのだろう。菊の花が枯れた後は、愛でるべきものが大根しかないというのだ。冷水で丁寧に洗い、塩と糠だけで漬ける浅漬けも禅寺の味わいである。

＊ 1924 － 2008 年。元臨済宗天龍寺派管長・天龍寺住職、花園大学名誉教授。禅の普及に尽力。

お風呂ゆかしき候

11月26日

呂　ロ

莫迦莫迦しい語呂合わせだが、今日は「いい（11）風（2）呂（6）」の日。入浴は仏教と共に日本に入り、寺での「施浴《せよく》」で一般に広まる。鎌倉時代にはお金持ちが街中《まちなか》に風呂を建立し、一定期間施浴する法要スタイルもあった。室町時代になると商売として入浴を提供する「銭湯」の原型も生まれるが、蒸風呂で水や湯を使う形だった。江戸時代は火事が多く、庶民の家風呂が禁じられ、浮世風呂が娯楽場になる。ああ銭湯よ、不滅なれ！

北風木の葉を払う

拂（払）　フツ　はらう

11月27日

今日から七十二候の「朔風払葉《きたかぜこのはをはらう》」である。「朔」は「はじめ」で十二支の最初の子が北に配されることから北を意味する。十八日や二十日に散った葉が冷たい北風に払われ、いよいよ冬の到来だ。

コロナ禍以後、定期的な換気が勧められ、窓を開けると冷気に身震いするが、心が浄化されるようにも感じる。裸になった冬木立に潔さも感じる。木の葉しぐれを楽しみながら、飾りを廃した我が身に向き合う季節である。

「帰り花」という彩り

11月28日

帰

キ

かえる・かえす

晩秋から初冬にかけての暖かく穏やかな天気を小春日和という。そんな日にはツツジなどの「帰り花」を見つけたりする。通常は「狂い咲き」などと言うが、「帰り花」とはなんとやさしい言葉だろう。

「凩に匂ひやつけし帰花《かえりばな》」（芭蕉）。「匂ひ」とは鮮やかな色合いのこと。いろは歌の「色は匂へと散りぬるを」の「匂ふ」と一緒。小春日もほどなく凩に奪回される。帰り花は凩に彩りを添えようと咲いている。

冬籠もりの心がけ

籠

ロウ
かご・こもる

11月29日

蛙も蛇も熊も亀も冬眠した（はずだ）。シマリスもコウモリもハリネズミもドジョウも冬眠している（はずだ）。我も「冬籠もり」と思うのが昔は普通だったのだろう。GDPなどなかった平安な時代の話である。

「冬籠《ふゆご》りまたよりそはん此《この》はしら」（芭蕉）。

草庵の柱の傍の文机で、翁は『源氏物語』を読むのか『白氏《はくし》文集《もんじゅう》』*を読み返すのか、あるいは坐禅をするか。いずれにせよ冬は何かが「殖《ふ》ゆる」季節。柱の近くで過ごす覚悟だ。

＊唐の白居易の詩文集。平安時代に伝来し、「文集《もんじゅう》」と称して愛読された。

林檎の気持ち

林
リン
はやし

11月30日

「富士」が美味しい季節である。リンゴは旧約聖書にも登場し、欧州では四千年以上前から栽培されたが、日本への導入は幕末。北海道の開拓使が積極的に導入し、東北地方や長野などで栽培が拡がった。

島崎藤村の処女詩集『若菜集』（明治三十年）では甘酸っぱい味とさわやかな香りを初恋の少女に重ね、美空ひばりの「リンゴの唄」は敗戦後の復興を牽引した。リンゴの気持ちはよくわかる、わからないけど、わかる。

葱

ユリ科ネギ属

葱　ソウ
ねぎ・き・あおい

「葱買《こう》て枯木の中を帰りけり」（蕪村）。この葱は、葉鞘部《ようしょうぶ》を土寄せで軟白《なんぱく》に作る関東以北の根深葱《ねぶかねぎ》だろうか。それとも関西風の、葉身《ようしん》部《ぶ》が柔らかく発達した葉《は》葱《ねぎ》だろうか。

与謝蕪村は摂津国（現在の大阪府都島区）に生まれ、芭蕉の影響で江戸で俳諧を学び、しかも北関東から東北まで放浪しているから紛らわしい。芭蕉は「ねぶかしろく洗《あらい》あげたる寒さかな」と根深葱の白さに清冽な冬を見つめる。いずれも旨いのだが。

橘はじめて黄ばむ

12月2日

橘

キツ
たちばな

昔から、菓子の「菓」に草冠がつき、果物の「果」に草冠がないのが不思議で仕方なかった。しかしあるとき奈良の漢國神社《かんごう》＊（別名饅頭神社）の宮司さんの話で納得した。

日本で最初の菓子は橘の実を加工したものだろうとのこと。ならば草冠がつくのも納得。そして果物は植物の果実だしこれも納得。橘は日本原産の唯一の柑橘類である。知人に葉付きの実を頂き、お供え餅の上に飾ったあと、かじってみたが少々苦かった。

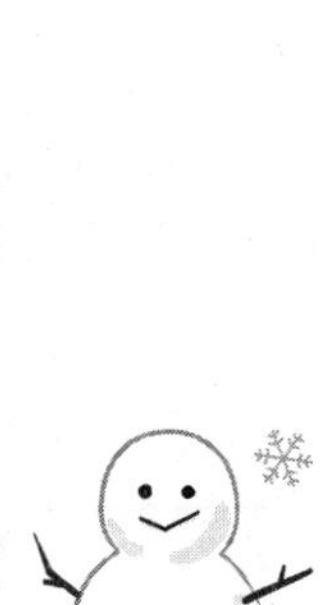

＊推古天皇元年（593）に建立。境内にはわが国に初めて饅頭を伝えた林浄因命《りんじょういんのみこと》を祀る神社がある。

太陽暦への改暦

改

カイ
あらためる・あらたまる

12月3日

一八七二（明治五）年十二月二日の翌日が、一八七三（明治六）年一月一日になった。それまでの新井白石発案になる太陰太陽暦（「寛政暦」）が太陽暦に変わったからである。

長く中国製の太陰太陽暦を使ってきたが、初めての日本製は渋川春海《はるみ》作の「貞享暦《じょうきょうれき》」*。冲方丁《うぶかたとう》氏の小説『天地明察《てんちめいさつ》』はこの春海を主人公に、日本の天文学や数学、暦法の夜明けを描いてじつに面白い。本稿で扱う「七十二候」も元は中国製だが渋川春海の改訂版だ。

＊貞享２（1685）年、日本初の暦法が作られて暦が改められた。これを「貞享の改暦」という。

12月4日

蜜柑の五月雨

柑

柑

カン
みかん・こうじ

「柑」は一字でみかんを意味する。子供の頃は蜜柑箱で買い、冬の間は徒然なるままに食べたものだ。一九六五年の果物購入量（『農業白書』）を見ると、三位バナナの約三倍がリンゴ、リンゴの約一・五倍が蜜柑である。

しかし時は移り、令和五年で見ると、一位がバナナ、二位リンゴ、蜜柑は三位に甘んじている。「柑」だから甘んじるのか、いやそんなこと言ってる場合じゃない。芥川龍之介の「蜜柑」の、橙色の五月雨の威力よ再び！

蟋蟀の忘れ音

忘
ボウ
わすれる

12月5日

11月28日、狂い咲きを意味する「帰り花」を紹介したが、もう一つ素敵な言葉を紹介しよう。「きりぎりすわすれ音《ね》に鳴《なく》火燵《こたつ》哉《かな》」（芭蕉）。もう火燵に入っているというのに、季節はずれの蟋蟀*が鳴いている。冬に鳴く一匹だけの蟋蟀の鳴き音を「忘れ音」と言う。

蟋蟀が時を忘れたのか、それとも季節が過ぎ、我々が蟋蟀そのものを忘れていたのか……、いずれにせよ淋しい鳴き音は何かをふいに甦らせ、季節の移ろいを痛感させる。

＊古くは秋に鳴く虫の総称。詳しくは9月28日（p289）参照。

サンタクロースの日

施
シ・セ
ほどこす

イエス・キリストの聖誕祭とサンタクロースは付き物のようだが、本来は関係ない。聖ニコラウスがまだ司祭になるまえ、貧しい三姉妹を助けるため屋根の上の煙突から金貨を投げ込んだ。そのとき暖炉には靴下が干してあり、金貨はその中に入ったのだが、長女が気づき、無事に結婚もできた。その後、司祭になっても一家への支援を続けた聖ニコラウスの「施し」の徳を讃え、命日である今日がセント・ニコラウス・デイなのである。

12月7日

電飾の国

飾

ショク
かざる

十二月七日頃から七十二候は「閉塞成冬《そらさむくふゆとなる》」。イルミネーションの煌めく街にコートの襟を立てた人々が行き交う。

東日本大震災以後、自粛した電飾はLEDや青色ダイオードの発明で再び以前に戻り、結局使用電力量は増える結果になった。AIやチャットGPTの発明も、私にはどれほど電力を使うのかと見える。人はパンのみで生きるのではない。けれど人間の営みはどこまで許されるのか、考え込むのである。

12月8日

何に目覚めたのか？

覚

カク

おぼえる・さます・さめる

今日は真珠湾攻撃による太平洋戦争勃発の日でもあり、農事納め（御事終《おことじま》い）の日でもあり、釈尊成道《せいどう》の日でもある。いずれも大切だが、やはりここは最後の選択肢だろう。

苦行林《くぎょうりん》を六年で出たブッダは尼蓮禅河《にれんぜんが》＊で身を清め、スジャータに頂いた乳粥《にゅうのかゆ》で生気を養ってから菩提樹の下に坐った。そうして七日七晩坐りつづけ、仏教の基《もと》となる大いなる気づきを得た。その目覚めの内容を探求するのが全ての仏教徒の務めではないか。

＊インドのビハール州を流れるガンジス川支流、バンガ川の古称。その河畔で釈尊が大悟したと伝えられる。

御事終い

事　ジ・ズ　こと

12月9日

昨日はブッダに譲ったが、やはり「御事終い」については触れておこう。昔から農事は二月八日に「事始め」をし、十二月八日に「事納め」（＝御事終い）をする。その際、鋤や鍬を水で洗って立てかけた姿が「浄」。やるべきことをやり終えた清々しい気分だ。

御事終いには里芋、蒟蒻、人参、小豆等を入れた「御事汁《おことじる》」を食べる地域もある。してみると道場で臘八《ろうはつ》*中に頂くけんちん汁も御事汁の一種か。七日間茶飯とけんちん汁が続く。

＊臘月八日の略。旧暦12月8日の釈尊成道日にちなみ、禅宗では12月1日から8日まで坐禅修行を行う。

12月10日

口切りの茶事

切

セツ・サイ
きる・きれる

初夏に摘んだ新茶を入れ、熟成させていた茶壺の封を切り、茶臼で挽いて抹茶を点てる茶事を「口切りの茶事」という。茶道にとっては一年の始まりの重要な行事である。

初冬に催されることが多く、暦より早く清新の気を招くため、垣や樋の青竹を代えたり畳替えをしたり、障子や腰張《こしば》り*を張り替えたりする。大抵は炉開きに合わせて行なうため、炉の温かさも愛でることになる。茶人の世界では正月が二度来るのである。

＊壁や襖、障子の下部に紙や布を張ること。また、その紙や布のこと。

埋《うず》み火を熾《おこ》す

埋

埋

マイ
うめる・うまる・うもれる

12月11日

寺の住職の異称に「火番」がある。朝熾《おこ》した炭にうまく炭を継ぎ、客が来なければ灰に埋めて「埋み火」にして永保ちさせ、来ればすぐに開いて赤く熾す。謙譲語ではあるが、それは冬の住職の大事な仕事である。

「埋火《うずみび》や壁には客の影ぼうし」（芭蕉）。素直に読めば、埋み火を熾して行燈で対坐すると、壁に客の影法師が映っている。親しい二人が話し込んでいるようだが、じつは影法師が芭蕉で、弟子の曲水*を訪ねた折の句。

＊菅沼曲水は膳所《ぜぜ》藩（現滋賀県大津市）出身の武士、俳人。近江蕉門の重鎮として、芭蕉を支えた。

山の神さまの日

12月12日

誕

タン

[外]うまれる・いつわる・ほしいまま

古来、今日は山の神さまの誕生日とされ、この日は神さまが山の木を数えるため、邪魔をしないよう山に入ることを禁じた。禁を犯して入ると木と間違えて数えられてしまい、本当に木にされて帰れなくなるという。

今日に限らず、現在の人間は風力発電設備やソーラー発電所等を造るため山奥まで入りすぎだ。神さまはお怒りになり、人里に熊を遣わされた。穴に籠もるはずの熊も神さまの仰せなのでおちおち寐ていられないのだ。

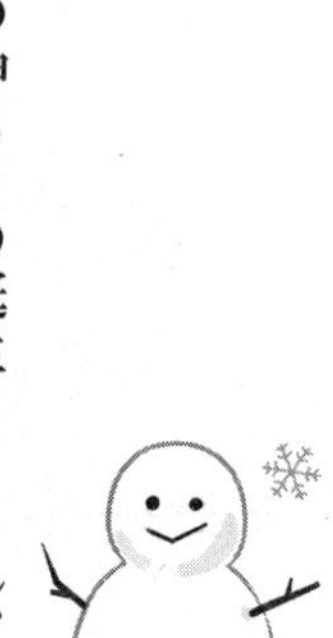

大掃除は心の掃除

掃
ソウ
はく

12月13日

唐の宣宗《せんそう》*時代に作られ、江戸時代中期まで使われた宣明暦《せんみょうれき》によれば、今日は「鬼」とされ、婚礼以外は何をしても「吉」とされた。そのため煤払いや松迎え、餅のための薪の準備など、歳徳神《としとくじん》を迎える大きな準備をこの日にする慣習が多くの地域で残っている。

昨日は入っていけなかった山に今日は入り、伐った竹などでまずは天井の煤を払う。あらゆるものがマーケットで買える時代だが、大掃除は心の掃除と思って自分でしょう。

＊唐の第19代皇帝。政治は一定の成果を挙げたことから、小太宗と呼ばれている。

潜んでは甦る仇討ち

12月14日

元禄十五年の今日、大石内蔵助をはじめ四十七士は本所吉良邸に討ち入り、主君浅野内匠頭《たくみのかみ》の仇を討ち、泉岳寺で自害した。切腹した主君がなにゆえ松の廊下で吉良に刃傷《にんじょう》に及んだのか、それは不明だが、とにかく彼らは主君の無念を晴らしたのである。人形浄瑠璃『仮名手本忠臣蔵』の発表は事件から四十五年後で「古今の大入り」。仇討ちが法的に禁じられるのは明治六年だが、矜恃や意地のため仇討ちを認める心情は、また潜んで甦る。

仇

キュウ

あだ・かたき・つれあい

希望の言葉

希　キ
［外］まれ・こいねがう

12月15日

今日は国際語であるエスペラントの考案者、ポーランドの医師ザメンホフの誕生日である。エスペラントは母国語の異なる人々が意思伝達をするために作られた人工言語だが、現実には英語がその役を担い、世界中で使われている。誰の母国語でもない世界標準語を作ろうとしたわけだが、誰の母国語でもないことが最大の弱みだった。しかし政治的にも中立を目指す言語の意義は今や益々大きい。エスペラントとは「希望」という意味だ。

塩引きと呼ばれた新巻《あらまき》鮭《じゃけ》

鮭

ケイ・カイ
さけ・さかな

二十四節気「大雪《たいせつ》」の末候は「鱖魚《けつぎょ》群《むらがる》」。鱖魚《けつぎょ》*は日本におらず鮭で代用するが、鮭の群れの遡上はもっと早く、熊の冬眠前の大事な栄養源。じつはタナゴのつもりで宝暦暦《ほうりゃくれき》で採用したらしい。

季節はもはや新巻鮭。これは秋に獲った鮭の内臓を除き、塩漬けにした保存食で、江戸時代から年末年始の贈答品として広まった。災いを避け（鮭）るとして歳徳神に供え、卵のイクラは子孫繁栄の象徴とされた。

＊中国の黒竜江省～広東省にかけて分布するスズキ科の淡水魚。高級魚として知られる。

危なくて、旨い河豚《ふぐ》

河

カ　かわ

12月17日

河豚の旨い季節。「てっちり」「てっさ」といえばフグ鍋・フグ刺しのことだが元は大阪弁。当たって死ぬ人が多く、秀吉の時代に出た河豚食禁止令は明治二十一年の解禁まで続いた。それでも食べたい庶民は「当たると死ぬ」からと「鉄砲」と隠語で呼び、その「ちり」（昆布出汁の鍋）や刺身を食べ続けた。なお解禁になったのは終始食べ続けた下関のお陰。初代総理大臣の伊藤博文公が下関で食べ、旨さに驚歎して県令に解禁を促したとか。

帽子や頭巾さまざま

12月18日

帽 ボウ

凩は吹くし雪も降る。我々の剥きだしの頭は、夏は直火で暑いし、冬は吹き曝しで寒い。やはり帽子や頭巾が欲しくなる。

江戸時代は立場や職業によりさまざまな頭巾が用いられたが、明治初期に帽子に移行。茶人帽*を被る僧侶もいるが、私はふんぎりがつかず特製の布でそのつど頭を捲く。中国でも欧州でも、帽子が神仏への畏敬を示す場合があり、貴人の前でも外さない。民族性による解釈の違いも多く、帽子は一概に語れない。

＊茶人や俳句の師匠が好んで被った、縁なしのトップが平たい帽子のこと。

千鳥はチドリ科の鳥の総称

千 セン ち

12月19日

冬の水辺で見かけるチドリは可愛らしい。数歩進んでは躊躇《ためら》いがちに立ち止まり、向きを変えると千鳥足にしては随分速く砂地を走る。古来、チドリは歌にも詠まれ、愛されたが、魅力はやはり寒中あるいは夜にも鳴くその鳴き声だろう。寒そうで寂しげで、頼りなさそう。一言でいえば「けなげ」な感じなのだ。「吹き別れ吹き別れても千鳥かな」（加賀千代女）。寒風に吹かれ、別れてもまた寄り集まる姿もいじらしい。

哀れ合鴨、鍋料理

12月20日

鴨

オウ
かも

昨日の千鳥と比べると、鴨はなんとなく陽気に見える。ディズニーのドナルドダックの影響か、歩き方が人間の幼児のようだ。芭蕉もその足に注目した。「毳《けごろも》*につゝみてぬくし鴨の足」。寒い水場に羽毛でふっくら包まれた足が暖かそうだというのである。

何の因果か昔から鴨料理は寒中の美味とされ、鷹狩りの狙う獲物の一つ。本来は真鴨だが、現在はアヒルまたはアヒルと真鴨を交配させた合鴨が主流で、中国から輸入される。

＊鳥の羽、もしくは鳥の羽毛で作った衣のこと。

陰が極まり陽巡り来る

極

太陽黄経が二七〇度となり、北半球では太陽が最も低いコースを通るため、昼の時間が最短となる。いわば陰が極まり反転して陽が巡り来る「一陽来復《いちようらいふく》」の日。

地域によっては柚子《ゆず》湯に入り、小豆と一緒に煮込んだ「冬至かぼちゃ」、「小豆粥」や「こんにゃく」などを食べて邪気を払うが、道場ではこの晩が一種の無礼講になる。上下の垣根や結界も開いて一般人も招き、楽しい夜を過ごすのだが、思えば夜が一番長い日だ。

極

キョク・ゴク
きわめる・きわまる・きわみ

12月21日

雪と水仙

仙　セン

12月22日

「冬至」の初候は「乃東生《なつかれくさしょうず》」だが、「乃東＝夏枯草＝シソ科のウツボグサ＊」と言ってもあまりご存じあるまい。ここでは雪に負けないもう一つの花をご紹介しよう。「初雪や水仙のはのたはむまで」（芭蕉）。そう、水仙である。葉の撓《たわ》みだけの表現だが、そこには雪の白さと花弁の白さ、黄色い花芯と清らかな香りまで漂う。

「仙」とは仙道（道術）を修めた人、または山人。世間の欲望から隔絶した境地だ。

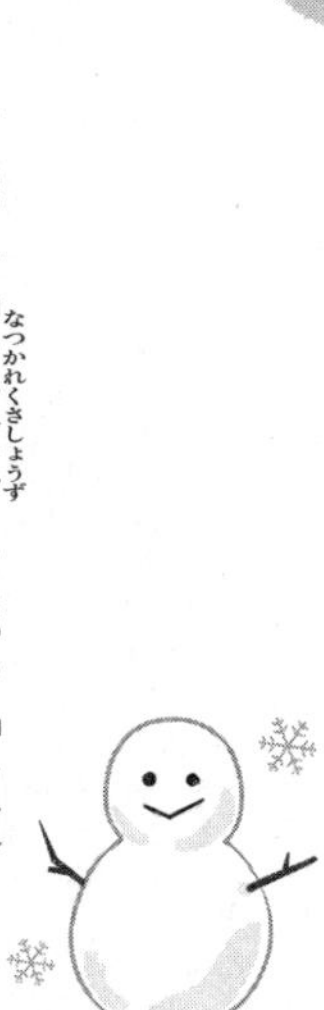

＊日本各地に自生する多年草で、6月頃開花。花穂部が生薬として用いられ夏枯草《かごそう》と呼ばれる。

いつか来る巨大地震

巨

キョ

［外］おおきい・おおい

12月23日

今日は平成天皇、明仁《あきひと》上皇の誕生日だが、失礼ながら一八五四年十二月二十三日に発生した「安政東海地震」に焦点を当てたい。M8強と推定されるこの地震の被害は甚大だが、この頃は連鎖的に巨大地震が続いた。四十七年の善光寺地震を皮切りに、五十四年七月に伊賀上野地震、東海地震の翌日には安政南海地震、三日後に豊予《ほうよ》海峡地震、更に翌年三月の飛騨地震、十一月の安政江戸地震、その翌年の八戸沖地震と続く。全国遍《あまね》く恐ろしい。

聖夜の停戦

聖　セイ　[外]ひじり

12月24日

二十四日がイヴ、二十五日がクリスマスとの認識だろうが、キリスト教会の暦では日没が一日の始まりだから、二十四日日没から二十五日日没までがクリスマスである。

聖夜の習慣は一五四九年のザビエル来日に始まるようだが、一五六八年にはイエズス会のルイス・フロイスがミサへの参列を呼びかけ、紛争中だった松永久秀[*1]と三好三人衆[*2]との間に初の「クリスマス停戦」が実現した。停戦が続くなら、毎日がクリスマスでもいい。

＊1　1510 − 1577 年。戦国時代の武将。＊2　戦国大名三好氏の重鎮、三好長逸・三好宗渭・岩成友通の 3 人。

もはや手遅れ

遅

チ

おくれる・おくらす・おそい

12月25日

今日はイエス・キリストの誕生日だと、四世紀に決めたらしいが、その他にも吾が宗中興の祖白隠《はくいん》慧《え》鶴《かく》禅師*の誕生日であり、またうちの女房殿の誕生日でもある。

じつは同じこの日に小説家の尾崎一雄や万有引力の発見者アイザック・ニュートンも生まれた。そしてなんと『天才バカボン』のパパも今日が誕生日なのだが、優先順位は自明だろう。さて今年は何を贈るかと、今ごろ考えるようではもはや手遅れだ。

＊江戸中期の禅僧で、臨済宗中興の祖。

師よ、なぜ走る？

師　シ
[外]みやこ・いくさ

12月26日

「しわす」という言葉は、「年果《としは》つ」が訛ったともいうが、「師走」という表記に含まれる「師」は、どうも僧侶らしい。お盆や正月なら棚経《たなぎょう》や年始廻りに走り回るが、年末に走るのはなぜか？　大掃除？　餅搗き？　昔は年末に檀家さんの自宅を訪ねて読経する習慣があったともいうが、真偽不明。

梵鐘もなく、除夜ならぬ元朝坐禅会の準備を終えた私は、墨を摺って一年分の新亡《しんもう》*を過去帳に写す。年末はできれば走りたくない。

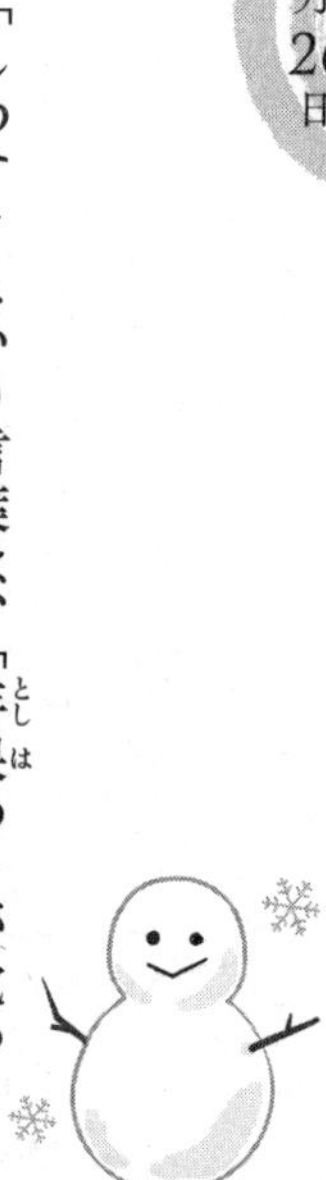

＊新亡者の略で、その年に亡くなったばかりの人。あるいは初めての盆を迎える仏のこと。

年ごとに分岐が増える角

鹿

［外］ロク
しか・か

12月27日

いよいよ七十二候の第六十五候「麋角解《さわしかのつのおつる》」だが、麋《おおしか》は日本におらず、ニホンジカが角を落とすのは春。日本ではあまりしっくり来ない項目である。

しかし鹿は神の使いとも言われ、ブッダが初めて説法したのも鹿野園《ろくやおん》*だ。毎年生え替わる角は年ごとに枝分かれが増える。元旦に「十よりかへる元のその一」を書いたが、「一」が増殖するのはやはり嬉しい。

そういえば龍の角も鹿から貰ったものだ。

*インドの仏跡。釈迦が悟りを開いたあと最初に説法した場所で、仏教四大聖地の1つ。

雪と雪との仲直り

12月28日

仲　チュウ　なか

年末に気になるのは借金と仲違《なかたが》いで、いずれも来年には持ち越したくない。とはいえ、仲直りはするのもさせるのも難しい。芭蕉が弟子の米穀商《べいこくしょう》杜国《とこく》*と誰かを仲直りさせた時の句がある。「雪と雪今宵師走の明月《めいげつ》歟《か》」。解けない雪と雪が照り映え、師走なのにまるで中秋の名月のように明るい。その光を楽しもうというのだ。仲違いの二人を、恐らくは現実的な手立てで仲裁し、その祝儀の句を自ら詠んだのだろう。これですっきり年越しできる。

＊江戸前期の俳人坪井杜国のこと。芭蕉の愛弟子で、芭蕉の『笈の小文』の旅に同行している。

運気が上がる新しい服

服

フク

[外]きもの・きる・したがう・のむ

12月29日

苦餅《くもち》は搗くなと、この日の餅搗きは嫌われる。また昨日までに大掃除も済んだはず、と言われるが昨日まで出勤である。突然年末の家に放り込まれ、年越しの準備をと言われてもどうすればいいのか。そんなあなたのために、「麋角解」はきっと残されたのだろう。

鹿が古い角を落とすのは大胆な着替えのようなもの。昔の寺では小僧たちに新しい下着が配られた。町に出て新しい服を買ってはどうだろう。心躍らせる新年用の素敵な服を。

小晦日

12月30日

旧暦の月末は必ず新月になり、月が隠《こも》るため「つごもり」と言い、普通は三十日なので三十路を「みそじ」と訓むように「みそか」と呼んだ。「みそか」＝「つごもり」だ。

新暦に変わってもその習慣は続き、特に一年の最後の日は「大みそか」で「大つごもり」、文字は共に「大晦日」、その前日は「こつごもり」と呼ぶ。お寺ではこの日、裏山で松と竹を伐り、本堂や観音堂に松を飾り、結界や鹿威《ししおど》しなどを青竹で作り直す。

晦

カイ

みそか・つごもり・くらい・くらます

除夜の鐘

除
ジョ・ジ
のぞく

12月31日

一年の最後の日を除日といい、その夜を除夜と呼ぶ。早めに風呂に入り、身を清めて夕食膳に向かうと、そこに歳徳神が降りたって新たな歳を頂く。いわゆる数え年の年取りである。うちには除夜の鐘がないので俳句で締めよう。まず芭蕉。「中々に心おかしき臘月哉《しはすかな》」。俗事に追われて忙しい師走だったが、そこがまた面白いよね。次に山口青邨。「おろかなる犬吠えてをり除夜の鐘」。真似て吠える犬と吠えない私、愚かさに大差はない。

玄侑 宗久
（げんゆう そうきゅう）

臨済宗福聚寺住職。花園大学仏教学科および新潟薬科大学応用生命科学部客員教授。2001年「中陰の花」で芥川賞、09年妙心寺派宗門文化章、12年仏教伝道文化賞沼田奨励賞、14年「光の山」で芸術選奨文部科学大臣賞受賞。東日本大震災後は政府の復興構想会議委員、被災地青少年支援のための「たまきはる福島基金」理事長を務めた。主な著書に『アミターバ　無量光明』（新潮社）、『現代語訳 般若心経』（ちくま新書）、『やがて死ぬけしき』（ケイオス出版）などがある。

菅沼 雄風
（すがぬま ゆうふう）

1957年生まれ、東京都八王子市出身。宇宙航空関連製品（ロケット・衛星）の営業・購買及び生産管理業務に携わりながらも書作活動を続ける。2022年に定年退職後、書家・書道講師・書道塾経営に専念、地元八王子で書道普及活動に奮闘中。現在 八王子書道連盟会長、群鵞書道院常任総務（書道誌「書之世界」発刊）、独立書人団会員、毎日書道展会友、香風会会長、八王子書道会会長。

一日《いちにち》一字《いちじ》で活溌《かっぱつ》に生《い》きる
禅的《ぜんてき》生活《せいかつ》365日《にち》

NDC181

2025年3月17日　発　行

著　　者　玄《げん》侑《ゆう》宗《そう》久《きゅう》
発 行 者　小川雄一
発 行 所　株式会社 誠文堂新光社
〒113-0033 東京都文京区本郷3-3-11
https://www.seibundo-shinkosha.net/
印　　刷　星野精版印刷 株式会社
製　　本　和光堂 株式会社

ISBN978-4-416-72376-0